병자호란 김화전투
조선의 자존심을 구하다

유준호 편저

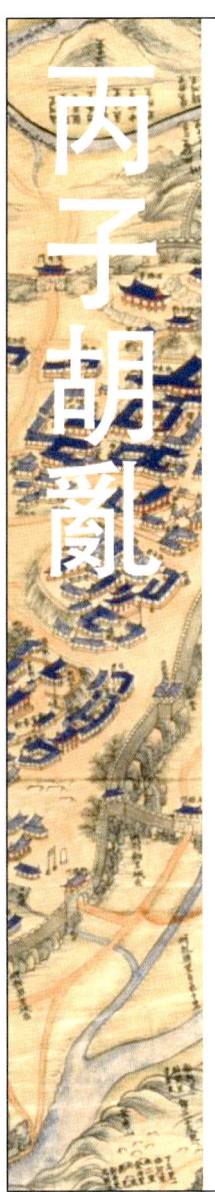

丙子胡亂

병자호란
김화전투
조선의
자존심을
구하다

金化戰鬪

◨ 충장공 유림 일대기

1581년(선조 14년) 출생
1603년(선조 36년) 23세에 무과에 급제
1611년(광해군 3년) 경성부사, 이성현감
1615년(광해군 7년) 이산군수
1618년(광해군 10년) 충청수사
1619년(광해군 11년) 오린(吳璘)의 고사를 쫓아 황해병사로 황주성을 완공
1626년(인조 4년) 광주목사로 남한산성의 행궁과 객관을 건립
1627년(인조 5년) 충청병사, 정묘호란에 연강방어대장으로 한강 방어선을 지키다
1636년(인조 14년) 평안병사로 안주성을 지키다
1637년(인조 15년) 평안병사로 안주군 5천을 이끌고 김화에서 청나라 대군에 압승을 거두다.
1637년(인조 15년) 조청연합군 조선군 주장으로 부장 임경업과 함께 가도 토벌에 참전
1637년(인조 15년) 가도토벌에 대한 청 태종의 포상에 불응하여 황명위항 죄로 백마산성에 유배
1638년(인조 16년) 조청연합군 조선군 부장으로 1차 금주전투 참전
1638년(인조 16년) 조청연합군 조선군 영병대장으로 2차 금주전투 참전
1638년(인조 16년) 총융사
1639년(인조 17년) 삼도수군통제사 (1차)
1642년(인조 23년) 삼도수군통제사 (2차)
1643년(인조 24년) 졸

충장공 유림(柳琳)

| 차 례 |

전설을 찾아 나서다 ································ 8
충장공휘림신도비명 ······························· 14
생창리 사당에서 날벼락을 맞다 ················ 37
평안도관찰사홍명구신도비명 ···················· 40
평안도병마절도사유공림대첩비 ················· 56
조선왕조실록이 번역되다 ························· 62
서북에 칼바람 불다 ································ 65
토붕와해 ··· 69
청군의 이동상황 ···································· 77
남한산성 부근 근왕병 전투상황 ················· 78
양서지역 근왕군 전투상황 ························ 80
멀고 먼 근왕의 길 ································· 82
연려실기술 쌍령전투 ······························· 87
청 태종실록 광교산전투 ··························· 90
연려실기술 광교산전투 ···························· 92
양서지역 근왕군 상황 ····························· 93
토산(兎山)전투 ····································· 95

전설의 김화전투 ····· 100
   전선의 형성 ····· 100
   김화백전전투 전황 ····· 104
   【사료 1】 우암 송시열-김화 전장의 사실 기록 ····· 105
   【사료 2】 정재 박태보-김화 백전전투 기록 ····· 109
   【사료 3】 택당 이식-평안관찰사 증이조판서홍공행장 ····· 114
김화백전전투 분석 ····· 119
김화백전전투의 재구성 ····· 128
팔도변방(八度辨謗) 김상헌의
   평안감사 홍명구신도비명에 대한 평가 ····· 142
총변 ····· 157
병자호란, 김화고전장 조선의 성지가 되다 ····· 169

후기 ····· 178
참고문헌 ····· 188

전설을 찾아 나서다

내 나이 41세 되던 1987년 겨울, 필자는 병자호란 때 치열한 전쟁터였던 김화(金化)의 백전(栢田)이라는 고전장(古戰場)으로 달려가고 있었다.

내가 알고 있는 병자호란은 조선의 역사에서 가장 참담하고 치욕적인 패배 그 자체였다. 그런 전란의 와중에 유독 우리 가문의 조상 할아버지 유림 장군이 김화의 백전전투에서 청나라군을 격파하고 대승을 거두었다는 이야기를 전설처럼 듣고 자랐다. 그러나 유감스럽게도 이 전설은 우리 가문의 울타리 밖에서 들어본 일이 없었다.

그뿐만이 아니다.

조선의 역사에서 가장 참담하고 치욕적인 패배로 각인된 병자호란에서 귀중한 승리를 거두어 그나마 무너져 내린 조선의 자존심을 간신히 건져낸 김화의 백전전투 이야기는 그 옛날 잣나무가 무성했던 백전의 언덕을 넘어서지 못하고 그로부터 4백 년이 거의 되도록 지금도 삭막한 휴전선 가까이 민통선 안에 갇힌 채 김화의 황량한 들판에 떠도는 전설로 남아있을 뿐이다.

초등학교에 들어가 6년이 지나도록 유림 장군 이야기를 책에서 본 일도 없고 나를 가르쳤던 선생님에게서 들은 적도 없었다. 중학교와 고등학교에 진학해서 학년이 바뀔 때마다 나는 새로운 학년의 국사책에는 분명 유림 장군 이야기가 나올 것이라고 기대했지만 고등학교를 마칠 때까지 내가 그렇게도 흥미 있게 공부하던 국사 과목에서 유림 장군에 관한 이야기는 한 번도 듣지 못했다. 을지문덕, 김유신, 서희, 강감찬, 이순신 장군처럼은 아니어도 단 한 줄이라도 교과서에 나오거나, 아니면 이름만이라도 들었다면 그 대목에서 손을 번쩍 쳐들고 유림 장군은 우리 할아버지라고 선생님이나 친구들 앞에서 크게 소리칠 기회가 있었더라면 얼마나 자랑스러워했을까 생각하면서 자랐다.

이런 여한이 강하게 남아있는 연유로 나는 김화 고전장으로 달려가 현장을 직접 답사해서 가문의 전설과 역사의 사실 관계를 알아보고, 지금은 잊힌 조선의 자존심이자 또한 가문의 자랑거리인 병자호란의 귀중한 승전의 한 장면을 전설에서 불러내어 우리의 역사에서 당당하게 재조명을 받아 널리 알리려는 나의 간절한 소망에서 길을 재촉했다. 또한, 그 소망을 실현하는 것이 우리 조상신들이 후손인 나에게 내린 큰 숙제라고 생각했다. 이런 소망과 숙제를 해결하려는 일념에서 나는 1987년 겨울방학 어느 하루 날을 잡아 남북이 첨예하게 대치하고 있는 휴전선 민간인 출입금지구역 내에 유림장군 대첩비가 있다는 김화의 고전장(古戰場)으로 홀로 내 생애 처음으로 장만한 새 차를 몰고 나섰다.

　이 무렵 내게, 또는 내 주변에 일어난 작지만 중요한 변화를 언급해야 할 필요가 있다.
　우선 가장 중요한 일은 1986년에 진주유씨(晉州柳氏) 종친회에서 우리 가문의 족보를 한글로 완역해서 보급시킨 일이다. 나는 이 족보의 한글 번역을 진주유씨 종친회의 가장 훌륭한 업적으로 평가하며 개인적으로 무척 고마운 마음을 갖고 있다. 왜냐하면, 그 일로 해서 내가 구체적으로 가문의 역사를 들여다볼 기회가 주어지고 완전히 이해할 수 있게 되었기 때문이다. 이 업적은 너무나도 중요해서 아무리 강조해도 지나치지 않는다. 리차드 도킨스는 「이기적인 유전자」라는 그의 저서에서 '인간은 지구상의 생명체 중에서 자신의 진화의 역사를 들여다볼 수 있는 유일한 존재'라고 말했다.

자신의 뿌리를 들여다보는 일도 매우 중요하다.

그래서 나는 우리 가문의 족보 한글편찬이야말로 세종대왕의 훈민정음 반포 후에 우리 가문에서 가장 경사스러운 일로 받아들이고 있다. 그만큼 우리 가문의 역사에서 감회가 깊은 일이었다.

1946년생인 나는 한글로 교육받은 세대이다.

당시 학교에서 한자를 배웠다고는 하나 국한혼용 교과서를 통한 천자문 정도에 신문에서 자주 사용되는 상용한자를 읽고 쓰는 정도였다. 그런데 그런 정도의 한자 실력으로는 유감스럽게도 우리 가문의 족보를 아무리 들여다보아도 단 한 줄도 제대로 번역할 수 없었으니 대학을 나와도 한자로 기록된 서책에는 문맹이나 다름없었다.

한글로 번역된 『晉州柳氏世譜』(족보)를 받자 즉시 나는 충장공(忠壯公) 유림장군신도비명을 찾아 읽기 시작했다. 이때 내가 끓어오르는 흥분으로 심장의 박동이 내 가슴을 마구 두드리는 큰 울림은 70 중반이 넘은 노년인 내게 아직도 생생하게 그대로 전해지고 있다.

한문으로 기록된 신도비명의 원문 마지막에 다행스럽게도 내가 잘 알고 있는 이름이 보여 무척 반가웠다.

大匡輔國崇祿大夫議政府領議政兼領經筵弘文館藝文館春秋館觀象監事 世子師 南九萬 撰

이름 앞쪽으로 긴 관작이 보인다.

대광보국숭록대부영의정(大匡輔國崇祿大夫領議政)
조선의 가장 높은 품계로 정1품의 최상계에 해당하는 영의정을 지냈다.

겸령경연홍문관예문관춘추관관상감사(兼領經筵弘文館藝文館春秋館觀象監事)
겸하여 홍문관, 예문관, 춘추관, 관상감사 등 문관의 요직을 두루 거쳐서

세자사 남구만 찬(世子師 南九萬 撰)
동궁관에서 세자의 교육을 담당했던 남구만이 찬하다

♣ 남구만(南九萬)

　조선왕조 인조 7년(1629년)~숙종 37년(1711년) 때 인물로 매사에 사사로움이 없고 공의에 따라 국사를 처리하여 왕과 당시 선비들의 좋은 평판을 받았으며 최고의 관직으로 영의정에 오른 약천(藥泉) 남구만이라는 이름 높은 선비가 우리 할아버지 유림 장군의 묘비명을 지었다는 사실에 나는 크게 안심이 되고 그렇게 좋을 수가 없었다.

　여기서 나는 여러 가지 이유가 있겠지만 역사적으로 명망이 높은 훌륭한 선비의 글이라는 점과, 그 내용을 우리말로 쉽게 풀어 모든 이가 다 읽어서 이해할 수 있다는 점, 그리고 마지막으로 우리 유씨 가문의 후손들에게 조상의 얼을 생생하게 전해주겠다는 나의 바램과, 좋은 인연이 있으면 후일 널리 읽힐 기회가 언제라도 올 수 있을 것이라는 생각에서 충장공휘림신도비명(忠壯公諱琳神道碑銘)의 내용을 한 자도 빼지 않고 온전히 이곳에 옮겨볼 결심을 하게 되었다.

忠壯公諱琳神道碑銘 충장공휘림신도비명

晉州柳氏世譜 首編

議政府左議政葬于高陽郡陶井里負丑之原余於公有中表之戚記幼小時侍大王父見公受西節過辭體貌豐偉氣度嚴重堂之儼然公七宰邑十閒皆著聲績歸甁立石以頌公以祿不及養爲恨祭獻備物使令雖足必位其事有妹早寡在鄕凡春秋之服朝夕之供終身繼之不乏初配咸安尹氏宣傳官起聘女后配安東金氏余奉昕之女皆以婦德稱葬祔公有三男二女學生元傑縣監姜元福室尹氏出也牧使之芳承判書李翔相夫人金氏出也內外孫置二十餘人銘曰昔在丙丁巨寇東風之潰桓桓柳公時帥西邊斜旅勤王及于栢田右陣旣沒公壁獨屹特敗為勝殺賊如蹊其貴人威警醜類凡彼賞將胡不愧死旣伏戎節亦贊樞謨勞績旣多寵榮亦殊毅爲趙貴以向燕初病中遲期怒終命去丸意同扣輪摠兵之褒事光東人大樹之零今半百齡營壘戰場追頌如昨邯鄲官辛識廉頗事邸嶺退校猶稱太尉我採爲詩永垂顯刻後欲考信庶此不忒

大匡輔國崇祿大夫議政府領議政兼領

經筵弘文館藝文館春秋館觀象監事 世子師 南九萬 撰

譯

옛날 우리 인조(仁祖)대왕께서 왕위에 계실 때 호신(虎臣..신)무공(柳公)이 있었는데, 세상을 하직한지 오십년이 되어가는 지금 묘도(墓道)에 문자(文字)가 없고 공의 차손 아들 승선군(承宣君) 역시 이미 늙었다. 그는 속히 일을 이루려 고 행장을 갖추어 내게 글을 부탁하였다. 내가 공경히 허락하고 오, 육년이 지나는 동

진주유씨세보 충장공휘림신도비명(忠壯公諱琳神道碑銘)의 원문과 번역의 한 페이지

옛날 우리 인조(仁祖)대왕께서 왕위에 계실 때 호신(虎臣)에 통제사 유공(柳公)이 있었는데 50년이 되어가는 지금 묘도(墓道)에 문자가 없고 공(公)의 작은 아들 승선군(承宣君) 역시 이미 늙었다. 그는 속히 일을 이루려고 행장을 갖추어 내게 글을 부탁하였다. 내가 공경히 허락하고 5~6년이 지나는 동안에 재촉하는 서신이 6~7차에 이르도록 아직 보답하지 못한 것은 감히 늦추는 것이 아니라 사실은 기다리는 바가 있어서였다.

대체로 병자(1636년), 정축(1637년)년간에 공이 서곤(西閫 : 평안도병마절도사)으로 명을 받고 동협(東峽 : 동쪽 골짜기)에서 공을 세웠는데, 세월이 이미 아득하여 전해 들은 것이 엇갈려 그 군사를 거느리는 방법과 승리를 결정하는 전략이 비록 자손과 막빈들의 기록한 바가 있으나 그 역시 간혹 몸소 겪고 직접 본 것이 아니었다.

그러므로 발로 공을 세웠던 땅을 밟고 얼굴로 지휘에 따랐던 사졸을 방문하여 반드시 믿을 수 있음을 증명할 생각이었으나, 그럴 길이 없었는데 마침 내가 나라의 영을 받고 연경(燕京 : 베이징)에 가게 되어 안주(安州)를 두 번이나 지나고 또 북쪽 변방으로 귀양을 가면서 길이 김화(金化)를 거치게 되므로 두 지방 사람의 구담(口談)과 필록(筆錄)을 갖추어 얻어 보았다. 또 몸소 싸움터에 올라 돌아보고 서성이며 당시의 일을 상상하니 마치 눈 속에 있는 듯하였다. 이제야 비로소 들은 대로 사실을 기록하여 앞 세상에 보이노니 비단 공의 상산(象山 : 무덤)의 개인적인 빗돌(비석)을 위함뿐만 아니라 또한 역사에 빠진 글을 보충하는데 견줌이었다.

숭정(崇禎 : 명나라 16대 황제의 연호) 병자년에 서쪽 걱정이 매우 심하여 조정은 그를 부원수에 제수하고 절월(節鉞 : 왕이 내리는 생살권의 표지물)을 주기 전에 원수에게 소속됨이 병사(兵使)의 전권만 못하다 하고 평안병사(平安兵使)로 옮겨 제수하였다.

전일에 평안병사를 두 번 맡았는데 이번까지 세 번째 인지라, 백성과 병사들은 이미 신임하고 공적도 연속됨이 있었다. 주성(州城 : 안주성)이 겨우 정묘호란(丁卯胡亂 : 1627년)을 겪고 난 후라 인심이 흉흉한데 공이 장수와 사졸을 독려하여 전쟁과 수비의 도구를 수선하고 성첩을 증설하고 해자(垓字 : 성 주위에 둘러 판 못)를 준설하여, 토장(土墻 : 흙으로 쌓은 담)을 쌓고 토장 안팎으로 품자(品字) 형태의 구덩이를 파서 서로 접속연결 되게 하여 사람과 말이 가까이 올 수 없게 하고, 새 성곽을 붙여 쌓아 강물을 끌어들여 샘이 마르는 것에 대비하며, 곡식을 쌓아 몇 년을 충분히 지탱하게 하고 날마다 사졸에게 연향을 베풀어 전쟁에 대비하였다.

　경보가 전해지자 막하의 비장들이 가족들을 외부로 내보내자고 요청하였다. 이에 공(公)은 '당연히 군민의 부모 처자와 사생을 같이할 뿐이다'라고 하였다.
　청(淸)의 병사가 성 아래로 지나갔으나 기병(騎兵)이 작아서 나가 막을 수가 없었고 오직 엄밀하게 수비만 할 뿐이었다. 청주(淸主: 청 황제)가 스스로 큰 낙타를 타고 지나면서 성 위를 바라보았으나, 한 조각의 깃발 한 사람의 소리도 없으니 대군이 성에 다다랐는데 이처럼 질서 있고 조용하니 성을 지키는 장수는 반드시 지략이 있을 것이니 공격할 수 없다 하고 성 밖에 풀을 쌓아 바람 따라 불을 놓고 연기 밖으로 지나갔다. 이는 아마도 뒤에서 추격함을 두려워해서 그랬을 것이다.
　이때 서울 소식이 막혀 공은 날마다 성 위에 올라 남쪽을 바라보며 통곡하다가 왕을 도울 계획으로 영변부사 이준(李浚)에게 영(營)에 머물게 하고 다음과 같은 주의를 시켰다.

　-- 『삼가이 지키고 움직이지 말라.』

그리고 군사 5천여 명을 이끌고 출발하여 순찰사 홍공명구(洪公命耈)와 서로 만나 정축(丁丑)년 정월 26일에 금화(金化)에 진을 쳤다. 이때 노략질을 하며 지나가는 적 수십 명을 만나 예졸(銳卒 : 날래고 용감한 군사)을 보내 십여 명을 격참하고 사람과 가축을 빼앗아 장사(壯士)에게 나누어 주었다. 다음 날 척후병은 적이 십 리 밖에 진을 쳤다는 보고가 있었다.

 홍공(洪公)과 계획하기를 현(縣)의 북쪽에 있는 산성에 함께 들어가 웅거하자고 하니 홍공이 옳지 않다 하였다. 공은 또 적은 많고 우리는 적으니 반드시 양군(兩軍)을 합하여야 감당할 수 있다 하니 홍공이 또한 옳지 않다고 하고 자기의 병사를 끌고 현의 남쪽 탑곡(塔谷)에 먼저 진지를 구축하였다.

 공은 지세가 낮아서 적의 공격을 받기가 쉬우니 높은 곳으로 옮겨야 한다고 하였으나, 홍공은 또 옳지 않다고 하며 단지 진지의 후면이 엉성한 것만 걱정하므로 공이 휘하 2백 명을 나누어 주며 모자라는 곳을 보충하라 하고 자신은 좌편 백전(栢田)의 언덕에 진지를 구축하였다.

 그 언덕은 삼면이 깎아지른 듯이 경사가 급하고 한 면만 산에 연결되어 있으나 그것 역시 중간이 마치 벌의 허리처럼 잘려져 있는데 임목(林木)을 이용하여 군사를 배치하고 목책(木柵)을 굳게 설치하였다.

 다음 날 새벽에 적이 먼저 우진(右陣)을 공격하여 진의 전면에서 밀고 당기기를 두세 차례 하고 있었다. 이때 갑자기 수천 명의 기병(騎兵)이 뒷산으로부터 달려 내려와 덮치는데 빠르기는 마치 비바람 같았고 양진 사이를 가로막아 잘라서 서로 구원하지 못하게 하니 순식간에 우진은 궤멸하고 홍공은 그 싸움에서 죽었다.

적은 승리를 타고 공의 진지로 향해 오는데 우진의 패졸이 적과 서로 밟고 밟히며 앞으로 들어오니, 영장(營將) 구현준(具賢俊)이 싸우다 죽고 진중이 놀라 동요되며 위치가 흐트러지는지라, 공은 말을 높은 곳에 세우고 크게 외치기를 내가 여기 있으니 요동되지 말라 하니 장수와 사졸들이 비로소 제자리에 서서 죽을힘을 다하여 싸웠다. 지형이 이미 아군은 내려다보는데 적은 올려다보아야 하고 잣나무 숲이 또한 밀집하여 적의 기병이 돌진할 수 없었고 화살 역시 나무에 부닥쳐 사람에게 오지 못하니 아군은 그 점을 이용하여 그 틈으로 발포하니 한 발에 두세 명씩 꿰뚫었다. 이에 적이 조금 밀리자 공은 대오를 재촉하여 진용을 정돈하고 군중에 명령하기를 화살과 탄약이 많지 못하니 낭비하여서는 아니 된다. 적이 진지 앞 수십 보 가까이 오면 내가 깃발을 흔들 터이니 너희들은 나의 깃발을 보고 일제히 발사하되 어기는 이는 반드시 참하리라 하였다. 영(令)이 내리고 나니 적이 분대를 나누어 차례로 진격하는데 곧장 다 죽여 버리니 시체가 목책 높이 같이 쌓였다. 저물녘에는 적이 진을 기울여 공격해 오는데, 어떤 백마를 탄 장수가 위아래로 뛰어다니며 지휘를 하였다. 공은 군사 10명을 뽑아 몰래 목책 밖으로 넘어가 함께 발포하여 죽여 버렸는데 과연 지위가 높은 장수였다.

그러나 진종일 괴롭게 싸워 사졸이 극도로 피로하여 간혹 뒤꽁무니로 도망하는 이가 있으므로 공이 승전고를 울려 격려하니 사기가 다시 진작되었다. 어두운 뒤 적이 비로소 물러가고 정탐을 나갔던 자가 보고하기를 적진 중에 곡성이 하늘에 들끓고 후원군은 끝도 없이 계속 오고 있다고 하였다.
공은 전투는 다행히 승리하였으나, 화살과 탄환이 이미 다 되었으니 다시 싸울 수 없다. 승리의 여세를 타고 진을 옮겨 남한산성으로 나가는 것이 좋겠다 하고 군중에 영을 내려 부서진 총을 거두어 화약을 장전하고 화승(火繩)을 고르지 않게 길고 짧게 매어 그 끝에 불을 댕겨 잣나무 숲 여기저기에 걸어두게 하고 철수해 버리니, 포성이 밤새도록 계속 발하였다. 적이 감히 가까이 오지 못하다가 이윽고 날이 밝자 총공격을 하여 오니 진은 이미 텅 비었는지라 놀라고 두려워 감히 추격하지 못하였다.

공은 전군을 낭천(狼川 : 지금의 화천)으로 나아가 다시 군기(軍機 : 군의 중요한 업무)를 정비하여 남한산성으로 향하는 데 화친이 이미 성립되었다는 소식을 듣고 경성(京城) 밖에 도착하여 조정의 명령을 기다렸던바 본임(本任)으로 병영에 돌아가라고 명하였다.

김화(金化) 사람들이 진터 앞에 빗돌을 세워 전공을 표양하였다.

아!

나라의 쇠약함이 쌓인 지 이미 오래되었는지라 갑자기 하늘에 닿은 적을 맞아 팔로에 근왕하는 군사가 가는 곳마다 무너지고 한 사람도 칼날을 부딪쳐 본 이가 없었다. 그러나 공(公)만은 한쪽 진은 패망하고 국가는 찢어지고 난 후이지만 강노(強虜 : 강한 오랑캐)로 하여금 죽음을 구하고 상처를 부축하기에 겨를이 없게 하고 끝내는 적의 용맹스러운 장수를 죽이는 공을 세웠으니 그 아니 위대한가.

공(公)의 휘(諱 : 이름)는 림(琳)이요, 자(字)는 여온(汝溫)이고 고려 대승(大丞) 차달(車達)의 후예로 처음은 유주(儒州)를 관향으로 삼았는데 뒤에 진주(晉州)로 옮겼다. 증조의 휘는 한평(漢平)인데 성균진사(成均進士)로 좌참찬(左參贊)에 추증되었다. 조부 휘는 진동(辰仝)으로 공조판서인데 호는 죽당(竹

堂)이며 세상에서 장상의 재목으로 유명하였다. 고(考: 돌아 가신 아버지)의 휘는 회(淮)로 청하현감인데 이조참판에 추증 되었다. 비(妣: 돌아가신 어머니) 음성박씨(陰城朴氏)는 사평 (司評) 념(恬)의 따님이다.

공은 만력(萬曆) 신사(1581년)에 태어나 계묘(1603년)에 무과에 합격하여 훈련초관으로 6품에 올랐다. 신해(1611년)에 이성(利成) 현감이 되고 을묘(1615년)에 치적으로 뽑히어 이산(理山) 군수에 통정(通政)으로 승급되는 포상을 받았다. 무오(1618년)에 충청수사에 제수되고 또 특별히 가선(嘉善)에 승급되는 격려를 입었다. 이때 황주(黃州)에 성역(城役: 성 쌓는 일)이 있어서 본도의 병사로 옮겼으나 교체되어 북병사로 제수되었는데 부임하지 아니하였다. 계해(1623년), 갑자(1624년)에 연속으로 장흥(長興), 남양(南陽)부사로 나갔으나, 이때 광주(廣州)목사로 옮겼다가 피로가 쌓여 질병으로 체직(遞職) 되었다. 병인(1626년)에 서산군수에서 충청병사로 제수되고 전라우수사로 교체되어 공로가 있어 가선에 승급되었다.

경오(1630)에 조정에서 장차 가도(假島)의 유흥치(劉興治)에게 장수를 해친 죄를 물으려고 하면서 공에게 본직으로 양서도방어사(兩西道防禦使)를 겸하게 하여 주사(舟師: 수군)를 영솔하고 삼화(三和)에 도달하니 평안병사가 잔약하여 제대로 오랑캐를 제압하지 못한다고 차사(差使)가 군중(軍中)으로 와서 공에게 임명하여 대신하게 하였다. 신미(1631)에 죄가 있어 선천으로 귀양 갔다가 얼마 후에 풀려났고 계유(1633)에 영변부사에 제수되고 갑술(1634)에 다시 본도 병사에 임명되었다.

이때 조사(詔使 : 명의 사신)가 동으로 오는데 용골대(龍骨大), 마부대(馬夫臺) 두 오랑캐가 경기(輕騎)를 이끌고 바로 안주(安州)에 도착하여 소문을 퍼트리기를 명(明)의 차사(差使)를 잡아갈 것이라고 하였다. 공이 조약에 위배됨을 책망하고 범할 수 없는 형세를 보이니 오랑캐가 부끄러워 굴복하고 그대로 돌아갔다. 얼마 후 병으로 체직되었다. 을해(1635년)에 부총관겸포도대장(副摠管兼捕盜大將)에 제수되었고 병자(1636년)에 경상좌병사에 제수되었으나 부임하지 않아서 교체되어 중추부(中樞府)로 옮기고, 인하여 평안병사의 명을 받았다.

김화(金化)의 싸움에서 승리하고 돌아왔는데 청병(淸兵)은 그때까지도 안주(安州)에 머물러 있으면서 구왕(九王 : 도르곤)[1]이 공의 위명을 사모하여 성에 들어와 서로 만나보고 전마(戰馬) 두 마리를 선물로 주니 장사들이 즉시 가서 사례하라고 하자 짐짓 늑장을 부려 어두워진 후에야 찾아가면서 따라가는 이 수백 명에게 각기 전립(氈笠 : 털모자) 하나씩 품고 가자고 명령하고 약속하기를 내가 구왕과 이야기할 때 너희들은 쇠고기와 술을 오랑캐들에게 권하여 흠씬 취하도록 하라 하고, 돌아올 때 우리 사람으로 포로가 된 이를 손짓하여 전립을 씌워 데리고 왔다. 그 이튿날 오랑캐가 술이 깨어서 알고 매우 놀랐으나 역시 감히 따지지 못하였다.

 청인이 가도를 치려고 논의하며 군사를 징발하고 공을 청하여 장수로 삼았는데 철산(鐵山)에 도달하여 청장(淸將)에게 내 비록 병들었으나 선발대로 먼저 싸울 터이니 만일에 이기면 자녀(子女)와 옥백(玉帛)은 내가 당연히 전부 차지할 것이라고 말하였다. 청장이 난색을 보이며, 공은 병으로 바다를 건너기 어렵다. 임경업도 공을 대신하여 장수가 될 수 있으니 공은 여기에 머물며 병을 치료하는 것이 좋겠다고 하였다. 이렇게 해서 전쟁에 끼어들지 않았는데 황조(皇朝 : 명의 조정)에서 첩보로 알아내고 공에게 총병첩을 내리면서 바다로 항해하여 와서 임명장을 주었다. 가을에 청인이 심양으로부

---

1) 청 태조 누르하치의 14번째 아들(12번째라는 설도 있으며, 당시 조선에서는 9번째로 통용되어 구왕이라 호칭함)로 병자호란 때 강화도를 함락시켰다. 청 태종 사후 순치제(順治帝)의 섭정왕(攝政王)에 오름.

터 공과 임경업을 초청하자 공은 이 초청은 가도의 전공을 위함인바 내게 관여됨이 없다 하고 병을 핑계로 가지 아니하니 청제(靑帝)가 대로하여 우리에게 벌을 주게 하여 백마산성에 안치되었다. 무인(1638년)에 풀려나와 또 평안병사에 제수되었다. 이때 청인이 장차 금주위를 공격하려고 하면서 군사를 징발하고 다시 공을 청하여 장수로 삼으니 짐짓 행군을 느리게 하여 사기(師期 : 군의 모집 기한)에 미치지 못하자, 청제가 화를 냄으로 조정은 잡아다 죄를 묻고 파직시켰다.

  기묘(1639년)에 통제사에 제수되고 경진(1640년)에 청음(淸陰) 김공(金公 : 김상헌))과 함께 여러 재상이 잡혀 만상(灣上 : 신의주)에 있다가 사건이 마침 해결되어 돌아왔다. 신사(1641년)에 서추(西樞 : 평안병사)로 비국당상을 겸임하였다.

  청인이 다시 군사를 징발하면서 공이 여러 차례 회피하는데 분노하여 협박하며 반드시 한 번 장수로 삼으려 하자 공이 죄수라 하여 조정에 죄를 요청하였으나, 명을 받지 못하고 마침내 떠났다. 김화(金化)의 싸움에서 죽은 귀장(貴將)은 바로 청제(淸帝)의 매서(妹婿)인지라, 그 누이가 울면서 원수 갚기를 요청하였으나 청제는 허락하지 아니하였다. 공은 군막에 있으면서 병이 위중하다는 핑계로 누어 버리고 군중의 일은 부장에게 맡겼다. 또한, 군중에 밀령하기를 포를 쏘되 탄환을 제거하도록 했는데, 처음에 청인들이 깨닫지 못하다가 후에 일이 탄로 나 하졸 한 명을 죽였다. 그러나 공은 책망하지 아니하였다. 공은 인하여 병이 차츰 심하여진다고 칭하니 청인이 다른 장수로 대신하고 돌아가기를 허락하였다. 주상이 불러 만나 위로하고 초모를 내려주시며 총융사에 제수하고 특별히 자헌(資憲)에 승급하였다.

임오(1642년)에 또 통제사에 제수되었는데 전임 통제사가 후한 뇌물을 세도가에 바친 일이 있었던바 대간의 탄핵이 잘못되어 공에게 미쳤으나 명백하게 분변되었다. 공이 군중에 있으면서 병이 쌓여 계미(1643년)에 포도대장에 제수되었으나 부절을 받기 전에 죽었다.

원종훈(原從勳)에 두 번 기록되고 대광보국(大匡輔國)숭록대부(崇祿大夫) 의정부(議政府) 좌의정(左議政)에 추증되었으며 고양군(高陽郡) 도정리(陶井里) 축좌(丑坐)의 언덕에 장례 하였다.

나는 공에게 중표(中表 : 내외종)의 친척이 된다.

어릴 때로 기억된다. 왕대부(王大夫 : 할아버지)를 모시고 있는데 공이 서절(西節 : 평안병사)을 받고 인사차 들린 것을 보았다. 체구와 모습이 풍만하고 위대하며 기도(氣度)가 엄중하여 바라보니 엄연하였다. 공이 일곱 번 읍재(邑宰)가 되고 열 번 곤제(閫制)가 되었는데 모두 명성과 공적이 있었고 돌아오면 빗돌을 세워 칭송하였다. 공이 녹으로 어버이를 공양하지 못한 것을 한스럽게 여겨 제사에 바치는 물품의 준비는 시중꾼이 비록 충분하여도 반드시 친히 그 일을 살폈다. 일찍 혼자된 누이가 마을에 있었는데 모든 봄가을의 의복과 아침저녁 공양을 평생토록 떨어지지 않게 이어주었다. 초배(初配) 함안윤씨(咸安尹氏)는 선전관(宣傳官) 기빙(起聘)의 따님이고 후배(後配) 안동김씨(安東金氏)는 참봉(參奉) 흔(昕)의 따님인데 모두 부덕이 있다고 칭송을 받았고 공에게 부장되었다. 아들 셋과 딸 둘이 있는데 원걸(元傑)과 현감 강원희(姜元禧)의 댁은 윤씨 소생이고, 목사(牧使) 지방(之芳)과 승지(承旨) 지발(之發) 판서(判書) 이익상(李翊相)의 부인은 김씨 소생이다. 내외손증(內外孫曾)은 20여 명이다.

다음과 같이 명(銘)을 한다.
옛 병자, 정축년에 큰 도둑이 동으로 유린할 때,
병사(兵士)는 잔약하고 장수는 겁내어 바라보고 무너져 도망하였는데,
씩씩한 유공이 이때 서쪽 변방을 통솔하였다.
군사를 규합하여 왕을 도우려 백전(栢田)에 도달하였네.
우진(右陣)은 이미 함락되어도 공의 보루는 우뚝하였네.
패망을 돌려 승리를 만드니 적 죽이기를 언덕같이 하였네.

그 귀인 효수(梟首)하니 위엄이 오랑캐에게 엄습하였도다.
무릇 저 비겁한 장수들아 어찌 부끄러워 죽지 않느냐.
이미 융절(戎節)을 가졌고 역시 추모(樞謨)를 도왔도다.
공로 이미 많으니 총영(寵榮) 역시 특수하였네.
의젓하게 명(明)을 위해 일하면서 속마음 가지고 연경(燕京)을 향하였네.
처음엔 병으로 도중에서 낙후하고, 두 번째는 늦장 부려 군기(軍期)를 놓쳤으며, 마지막엔 탄환을 없애게 하니 그 뜻 활촉을 뽑아 버림과 같도다.
총병관(摠兵官) 표창은 동국(東國)인에게 영광스런 일이로다.
대수(大樹) 장군 떨어진 지 반백 년인 오늘에
병영터와 싸움마당 어제 일처럼 추송(追頌)하네.
한단(邯鄲)2)의 관졸(官卒)은 염파(廉頗)3)의 일 알고,
빈령(邠嶺)4)의 퇴교(退校)5)는 아직도 태위(太尉)6)를 칭송하네.
내가 간추려 시(詩)를 만들어 영원히 빗돌에 새기노니
뒷날 사실을 살피려면 이것이 거의 어긋남이 없으리라.

---

2) 전국시대 조(趙)나라의 도성
3) 전국시대 조(趙)나라의 장군
4) 빈주(邠州)와 마령(馬嶺)
5) 은퇴한 장교
6) 벼슬의 이름으로 당(唐)나라 덕종(德宗) 때 태위로 추송된 단수실(段秀實)을 말함

〈통제사 유공신도비명 원문-약천집 17권〉

昔我仁祖臨御。有虎臣曰統制使柳公。下世今將五十年。而墓道無文。公之少胤承宣君亦已老矣。思速其成。具狀屬筆於余。敬諾。年過五六來。徵書至六七而猶未有報也。非敢緩。實有待也。蓋當丙丁之際。公受命於西閫。建功於東峽。而歲月已遙。傳聞錯出。今其治兵之方。決勝之略。雖有子弟賓吏之所記。亦或非身履而親見者也。思得足及乎樹羽之地。面訪乎隨麾之卒。以徵其必信。而未有路耳。適余受命赴燕。再過安州。又遷北邊。道經金化。備得兩地人口談與筆錄。又身登戰場。徘徊顧眄。想像當日事。如在矚焉。於是始敢隨聞記實。以示來許。非但爲公象山之私刻。亦擬夫補史之闕文也。崇禎丙子。西憂孔棘。朝廷拜公副元帥。未授鉞曰。元帥之咸。不若兵使之專。移拜平安兵使。前曾再莅。及是三矣。兵民已信。功緒有因。州城纔經丁卯之陷。人心凜凜。而公率屬將士。修戰守之具。增堞浚壕。外築土牆。牆內外掘坑如品字形。綿絡相接。使人馬不得近。附築新城。引入江流。以備泉渴。積峙米粟。足支數年。日饗士以待之。警報至。幕裨請出眷于外。公曰當與軍民父母妻子同死生耳。清兵過城下。以騎少不得出要。唯嚴爲守備。清主自乘大橐駝。睨望城上。無一片旗無一人聲曰。大軍臨城。安靜如此。守城之將。必有智略。不可攻。積草城外。

因風縱火。從煙外引去。蓋懼其追躡也。時京都消息隔絕。公曰登陣南望痛哭。爲勤王計。使寧邊府使李浚留營。戒之曰謹守無動。勒兵得五千餘人。與巡察使洪公命耉相會。丁丑正月二十六日次于金化。遇賊過掠者數十人。送銳卒擊斬十餘級。奪人畜分將士。翌日候吏言賊陣于十里外。與洪公計欲同入據縣北山城。洪公不可。又曰賊衆我寡。必合兩軍。庶可當也。洪公又不可。引其兵先陣于縣南塔谷。公曰地勢夷下。易於受敵。不若移高。洪公又不可。但憂其陣後行疏。公分送麾下二百人。以補其缺。自陣于其左柏田之阜。阜三面陡絕。一面連山。亦中斷如蜂腰。依林木布兵設柵爲固。翌日質明。賊先犯右陣之前。進退者數三。俄而數千騎自後山馳下而壓之。疾若風雨。衝截兩陣之間。使不得相救。一瞥之頃。右陣已潰。洪公死之。賊乘勝向公陣。右陣敗卒與賊相蹂躪而入。前營將具賢俊死之。陣中驚擾離次。公立馬高處。大呼曰我在此無動。將士始迥立致死力。地形旣我俯彼仰。而柏林且密。虜騎不得突。矢亦多著樹不及人。我兵憑之。從其隙發砲。一丸輒貫數三人。賊少退。公復妮隊整陣。令軍中曰矢丸無多。不可浪費。賊到陣前數十步之近。我當颭旗。汝等觀我旗齊發。違者必斬。令旣下。賊分兵迭進。輒盡斃之。積屍齊柵。日晡時賊傾陣而進。有白馬將馳上下指揮。公擇十卒使潛踰柵外。並發砲殺之。果貴將也。然終日苦戰。士卒疲極。或有從後亡去者。公命作樂。爲戰捷聲以激厲之。士氣復振。昏後賊始退。偵者告虜陣中哭聲涕天。而援軍繼來。不知其際。公曰今日之戰。幸而得勝。而矢丸已盡。不可復戰。不若乘勝勢移陣。間趨南漢。命收軍中破銃。藏藥繫繩。參差其長短而爇其端。散挂柏林而去。砲聲續發竟夜。賊不敢逼。旣明大擧而來。陣已空矣。駭懾不敢追。公全軍趨狼川。復整器械向南漢。聞和事成。詣京城外待朝命。命以本任還營。金化人爲公立碑于陣墟之前。以旌戰功。嗚呼。我國積衰累弱者已久。而猝當滔天之賊。八路勤王之師。在處奔潰。無一人嬰鋒者。公獨當偏敗之危。用龜裂之餘。使强虜救死扶傷不暇。終辦得雋之功。不其偉歟。公諱琳字汝溫。高麗大丞車達之後。初籍儒州。後移晉州。曾祖諱漢平。成均進士贈左參贊。祖諱辰仝。工曹判書號竹堂。世稱有將相材。考諱淮。清河縣監贈吏曹參判。妣陰城朴氏。司評恬之女也。公生於萬曆辛巳。癸卯登武科。以訓鍊哨官陞六品。辛亥監利城縣。乙卯以最擢守理山郡。以褒陞通政。戊午拜忠清水使。又以特奬陞嘉善。時有黃州城役。移本道兵使。遞拜北兵使不赴。癸亥甲子。連出長興南陽府使。時有廣州城役。移牧本州。積勞病遞。丙寅守瑞山郡。拜忠清兵使。遞拜全羅右水使。又以勞陞嘉義庚午朝廷將問椵島劉興治戕帥之罪。公以本職兼兩西都防禦使。領舟師到三和。以平安兵使屢不能制虜差。卽軍中拜公代之。辛未坐事謫宣川。俄得釋。癸酉除寧邊府使。甲戌復拜本道兵使。時詔使東來。龍馬二虜率輕騎徑到安州。聲言要明差虜去。公責之以渝約。示之以不可犯之形。虜愧屈引還。俄病遞。乙亥拜副摠管兼捕盜大將。丙子拜慶尙左兵使。未赴遞拜西樞。仍承西閫之命焉。自金化戰勝還。清兵猶在安州。九王慕公威名。入城相見。遺二戰馬。將士請卽往謝。故遲之。昏後乃往。命從行者數百人各懷一氊笠。約曰吾與九王言。汝等亦以牛酒勸其從虜。期以霑醉。及還招我人爲虜者。加笠而率來。虜旣醒大驚。亦不敢詰。清人議攻椵島徵兵。請得公爲將。到鐵山。謂清將曰。我雖病。當以導在先。戰若勝則子女玉帛我富專之。清將難之曰公病難涉海。林慶業亦可代公將。公宜留此治病。以此不與戰事。皇朝諜知之。襃授公以摠兵帖。因海舶來宣。秋清人自瀋招公及慶業。公曰是招也爲椵島戰功。吾無與焉。稱病不赴。清人大怒。使我罪之。安置于白馬城。戊寅放還。又拜平安兵使。時清人將攻金州衛徵兵。復請公爲將。故遲其行。不及師期。清人怒。朝廷拿問罷職。己卯拜統制使。庚辰與清陰金公諸宰。同被執灣上。事適解。辛巳以西樞兼備局堂上。清人復徵兵。怒公之屢避。必欲迫脅一得爲將。公囚首請罪於朝不得命。遂行。金化之戰。貴將死者。卽清主之妹壻也。妹泣請報仇。清主不許。公在軍稱病篤。堅臥委軍事於副將。且密令軍中發砲去丸。清人初不之覺。俄而事露。戮下卒一人。而亦不以責公。公因稱病轉甚。清人許以他將代還。上引見慰諭。賜貂帽。拜摠戎使。特陞資憲。壬午又拜統制使。前統制有厚遺權貴事。臺章誤及。公辨得白。公在兵間積疾。癸未拜捕盜大將。未受符卒。以再錄原從勳。贈大匡輔國崇祿大夫議政府左議政。葬于高陽陶井里負丑之原。余於公。有中表之戚。記幼小時。侍大王父。見公受西節過辭。體貌豐偉。氣度嚴重。望之儼然。公七宰邑十制閫。皆著聲績。歸輒立石以頌。公以祿不及養爲至恨。祭獻備物。使令雖足。必躬莅其事。有妹早寡在鄉。凡春秋之服。朝夕之供。終身繼之不乏。初配咸安尹氏。宣傳官起聘之女。後配安東金氏。參奉昕之女。皆以婦德稱。葬祔公。公有三男二女。學生元傑。縣監姜元禧室。尹出也。牧使之芳。承旨之發。判書李翊相夫人。金出也。內外孫曾三十餘人。銘曰。

昔在丙丁。巨寇東獗。兵孱將怯。望風逃潰。桓桓柳公。時帥西邊。糾旅勤王。及于柏田。右陣旣沒。公壁獨屹。轉敗爲勝。殺賊如陵。梟其貴人。咸釁醜類。凡彼貪將。胡不愧死。旣杖戎節。亦贊樞謨。勞績旣多。寵榮亦殊。毅爲趙役。脅以向燕。初病道落。中遲期怨。終命去丸。意同扣輪。摠兵之褒。事光東人。大樹之零。今半百齡。營墟戰場。遺頌如昨。邯鄲官卒。識廉頗事。邠嶺退校。猶稱太尉。我採爲詩。永垂顯刻。後欲考信。庶此不忒。

나는 유림장군신도비명을 읽고 또 읽었다.

읽을 때마다 피가 솟구쳐 오르는 느낌을 받았으며 그 때마다 가슴의 큰 박동은 나의 심장을 마구 두드리고 있었다. 청나라의 철기병(鐵騎兵)들이 말을 타고 일시에 파도처럼 덮쳐 공격해오며 선두에 섰던 평안도 장졸들이 삽시간에 무너지며 흩어지고 참살당하는 장면에서 나는 나도 모르게 오금이 저리고 움칠하며 물러서서 몰래 뒤로 도망이라도 치고 싶은 두려움에 몸을 떨어야 했다. 나는 당장에라도 김화의 고전장으로 달려가 보고 싶었다.

나는 나이 40에 생애 처음으로 차를 샀다.

새 차를 장만하고 설레는 마음에 어서 차를 몰고 김화의 고전장으로 달려가고 싶어 안달이 날 지경이었다. 그렇게 어느덧 몇 달이 지나고 자동차를 능숙하게 운전을 할 수 있게 되면서 그해 겨울방학을 맞았다.

날을 잡고 떠나던 날은 추운 겨울이었다.

차의 옆 좌석에 진주유씨세보 수편(首編)과 달랑 지도 한 장을 싣고 출발했다. 요즘 같으면 네비게이션의 도움을 받아 목적지를 입력해서 화면에 띄우고 갔을 것이다. 적어도 출발하기 전 인터넷을 통해 지도검색을 해서 목적지로 가는 경로에 관한 정보를 축적하는 과정도 필히 있었을 것이다. 그러나 유감스럽게도 이런 편의는 적어도 십수 년 후에나 가능했던 일이었다.

먼저 의정부 - 포천 - 철원으로 방향을 잡았다.
일단은 철원에 당도해서 김화읍을 찾고 그러고 나서 김화 고전장에 세워진 유림장군대첩비를 찾기로 했다. 포천을 지나 철원에 가까워지면서 점차 민가가 드물었다. 그날따라 날씨도 잔뜩 흐려 주위의 산하는 더욱 춥고 을씨년스러웠다. 게다가 가끔 눈발이 비쳤다. 김화로 들어서자 휴전선이 가까워지는 느낌이 들며 흰 눈이 쌓인 산등성이 사이로 군 기지가 자주 눈에 보이고 길가에 사병들이 움직이는 모습이 보였다. 빗자루, 삽 등을 휴대하고 비포장도로에 쌓인 눈이나 얼음을 치우는 병사들의 모습이었다. 그들의 모습에서 20년 전 내가 전방에서 고생고생하던 나의 졸병 시절의 모습이 거의 유사하게 전개되고 있었다. 이런 사병들의 고생은 세월이 흘러도 변함없이 이어지고 있다는 슬픈 현실에 갑자기 눈물이 핑 돌고 안쓰러운 마음이 일었다.

김화까지는 도로표시판을 따라 길 찾기가 수월했다.
그러나 김화에 들어서자 목표가 막연해지면서 나는 길가에 사람이 보이면 차를 멈추고 병자호란 때 김화지역의 옛 싸움터에 관해 자주 물었다. 지나는 길에 김화의 고전장에 대해 몇 번 그렇게 물었지만 알고 있는 사람이 없어 이 길이 허탕을 치는 게 아닌가 하고 걱정을 하며 차를 몰고 있을 때 마침 길가의 집 앞에서 서너 사람이 모여 이야기하는 모습을 보고 다시 차를 길옆에 세우고 그들에게 다가가 물었다.

 천만 다행하게도 그들 중 하나가 그런 이야기 들어본 적이 있다고 하면서 내가 진행하고 있는 길 앞쪽을 가리키며 생창리에 가서 물어보라고 한다.

 생창리, 생창리….

 처음 들어 이름만큼 생소한 생창리라는 지명을 한시라도 잊을까 염려해서 입으로 반복 중얼거리며 그에게 정중히 고맙다는 인사를 하고 갈 길을 재촉했다. 이렇게 해서 생창리라는 실낱같은 정보를 듣게 되었고 나는 새로운 목적지를 향해 신이 나서 앞으로 달려나가기 시작했다.

생창리 사당에서 날벼락을 맞다

생창리로 가는 길은 더 험난해지고 있었다.

도로라고 해야 비포장에 거의 1차선으로 이어지는 군사작전 도로라고 기억된다. 산들도 나무를 다 벌목한 민둥산이 펼쳐지고 차는 가끔 그 사이로 이어지는 가파른 능선을 기어오르듯 했다. 그렇게 길을 가던 중 길옆에 조그만 사당이 하나 보였다. 나는 호기심에 차를 길옆에 주차하고 사당의 문을 열고 들어섰다. 사당의 벽에 한 인물의 영정이 걸려있었다. 그리고 영정 앞에 위패가 모셔져 있었는데 평안도관찰사 홍명구였다. 평안도관찰사라는 위폐에서 우리 할아버지 평안병사 유림 장군과 어떤 관계가 있을 거라는 막연한 기대로 관찰사 홍명구의 영정과 위패를 번갈아 바라보며 혼을 불러내고 있었는데 그때 바로 우측 옆에 또 하나의 작은 위패가 눈에 띄었다. 그래 가까이 들여다보니 놀랍게도 그것은 유림 장군의 위폐였다. 일순간 나의 마음은 반갑기도 했지만 바로 착잡한 마음이 들기 시작했다. 아니 내가 그렇게 찾던 유림

장군의 이름이 이렇게 외진 산골 길가의 아주 작고 거의 무너질 듯 허름한 사당의 한구석에서 겨우 찾아내다니…. 그래도 평안도관찰사 홍명구는 영정과 위폐가 반듯하게 갖춰서 모셔져 있다지만 평안병사 유림은 영정도 없이 달랑 위폐만 외롭게 모셔져 있었다. 그것도 홍명구의 위패와 비교해서 작게 만들어 관찰사 홍명구의 옆이라고는 하나 저만치 떨어진 구석에 내버려 진 모습으로 병사의 위엄은 고사하고 정말 초라하고 외롭게 홀대를 받고 있다는 느낌이 은연중 전해지고 있었다.

아니 이럴 수가….
참담한 심정에도 마음을 추스르고 우선 두 분의 위폐 앞에 절을 올렸다. 그리고 나서 다시 한번 사당 안을 둘러보고 문을 나서려고 하는 순간 문 옆에 작은 간이 책상이 있고 그 위에 책자 같은 것이 보였다. 책장을 열어보니 철원군이 이 사당에 관한 연혁을 자세하게 기록한 책이었다. 평안도관찰사 홍명구의 위패를 모시기 위해 지은 사당이라는 것과 당시 함께 전쟁에 참가한 평안도병사 유림 장군의 위패도 함께 배향했다는 글이 보였고 조금 더 읽어보니 관찰사 홍명구가 김화 싸움에서 청나라군과 싸우다 전사했으며 글의 말미에 청음 김상헌(1570년~1652년)이 지었다는 홍공의 신도비명이 기록되어 있고 당시의 다급했던 전황을 설명하는 글도 보였다.

평안병사 유림의 이름도 보이고 해서 큰 기대와 호기심을 갖고 흥미롭게 읽어나가기 시작했다.

그러나 책장을 넘길수록 기대와 호기심은 푹 가라앉고 나의 몸은 차츰 굳어만 갔으며 급기야 마음은 천 갈래 만 갈래로 찢어지고 책의 끝부분에 이르러서는 망연자실한 채로 마른하늘에 날벼락을 맞은 대추나무처럼 몰골이 흐트러지고 말았으니 그때 내가 읽은 그 글은 다음과 같다.

평안도관찰사홍명구신도비명
平安道觀察使洪命耈神道碑銘

〈중략〉

당시에 도로가 막혀 끊어진 탓에 유언비어가 여러 차례 들려왔으므로 10여 명으로 하여금 가보게 하였으나 한 사람도 되돌아온 자가 없어 상께서 어디에 계시는지 알 수가 없었다. 남한산성이 포위되고 부원수가 패몰하였다는 소식을 듣고서는 유림에게 함께 가자고 재촉하였는데, 유림은 머뭇거리며 스스로 변명만 늘어놓으면서 가고자 하는 뜻이 전혀 없었다.

이에 공이 대의(大義)를 들어 책하고는 자신이 거느리고 있던 군대를 이끌고 먼저 출발하여 강동(江東)에 이르렀다. 그때 유림이 비로소 뒤쫓아 와서는 공에게 가벼이 움직이지 말라고 말하였다. 공은 칼을 뽑아 땅을 치면서 말하기를, "군부께서 위급한 처지에 빠졌는데 감히 그런 말을 한단 말인가. 나는 차라리 진격하다가 죽을지언정 뒤로 물러나서 살고 싶지는 않다." 하니, 유림이 부끄러워하면서 물러났다. 그리고는 길에서 머뭇대면서 군사들을 제대로 단속하지 않기에 군령을 내려 명령하자, 유림이 한스럽게 여겼다.

  공은 호령(號令)이 명백하였으며 사졸들과 더불어 고생을 똑같이 하였으므로, 사졸들이 앞다투어 목숨을 바치고자 하였다. 이에 잇달아 적을 만나 패퇴시키고 포로로 잡혀 있던 우리 백성을 풀어준 것이 전후로 수천 명이나 되었다. 신계(新溪)에 이르러 군량이 부족하여 군사들이 콩으로 죽을 쑤어 먹었는데, 주방을 맡은 사람이 공에게 떡을 올리자 물리치면서 말하기를, "내가 어찌 차마 혼자만 이것을 달게 먹을 수 있겠는가." 하고는 즉시 콩죽을 가져다가 함께 먹으니, 군사들이 감동하여 눈물을 흘리면서 배고픔을 잊었다. 유림이 또다시 샛길로 가자고 청하면서 선봉을 서려고 하지 않았다. 이에 공이 그의 머뭇대는 죄를 책하면서 참수하려다가 우선은 용서해 주니, 유림이 더욱더 한스러워하였다.

  1월 26일에 김화에 이르러 적을 만나 수백 급(級)을 참하고 포로로 잡혀 있던 남녀 수백 명과 가축 300여 두를 빼앗았으며, 창고를 풀어 군사들을 먹였다. 망을 보던 관리가 서남쪽에서 먼지가 자욱이 일어 하늘을 가린다고 보고하였다. 이에 곧바로 군사를 고을 남쪽의 백전산(柏田山)으로 옮기면서 먼저 유림으로 하여금 지형을 살펴보게 하였다. 그러자 유림이 자신은 편한 곳을 택해 산의 왼쪽 기슭에 주둔하고 공은 오른쪽 기슭에 주둔하게 하였다.

  유림이 말하기를, "중과부적이니 군사를 몰래 빼내어 이곳을 피하여야 합니다." 하니, 공이 노기를 띠면서 말하기를, "군부께서 어려움에 빠져 있으니 분수에 있어서 마땅히 목숨을 바쳐야 한다. 나의 뜻은 이미 결정되었으니, 다시는 말하지 말라. 더구나 우리 군사들이 이곳에 있으면 적들은 반드시 군사를 나누어 와서 싸울 것이므로, 전적으로 남한산성을 향하여 가지는 못할 것이다. 이 역시 한 가지 계책이다." 하였다. 그리고는 군중에 호령을 내려 말하기를, "능히 죽고자 하면 살 것이며, 죽더라도 역시 죽는 것이 아니다." 하니, 군사들이 모두 그러겠다고 하였다.

  공은 군사들에게 호령을 내려 앞쪽으로 나가도록 해 산의 오른쪽으로부터 포진하게 하되 처음과 끝이 틈이 없게 하였다. 그리고는 병사(兵使)로 하여금 산 왼쪽으로부터 마주하여 포진하면서 오른쪽으로 오게 하여 원앙(元央)과 비슷하게 하였다. 유림이 겉으로는 응하는 척하면서 파리한 군졸들을 바깥에 포진하게 하고 용감하고 날랜 군사들을 뽑아 자신을 호위하게 하였다.

28일에 적들이 20여 기(騎)를 풀어 와서 우리 측을 시험해 보았는데, 우리 군사들이 총을 잘 쏘는 사람들에게 일제히 발포하게 해 모두 죽였다. 그러자 또다시 30여 기를 보냈는데, 또다시 그렇게 하여 죽은 자가 반이고 달아난 자가 반이었다. 이에 적들이 감히 곧장 쳐들어오지 못하고 100여 기로 하여금 앞에 있으면서 도전하는 모양새를 취하게 하고 대병(大兵)은 산 뒤쪽으로 돌아서 나와 진의 후방을 쳤다.

　공은 장사(壯士)들로 하여금 군사를 나누어 가서 치게 해 수십 명을 죽이고 적장 두 명을 쏘아 맞혔다. 적들이 산 위로 올라가 살펴보고는 더욱더 생병(生兵)을 내어 군진(軍陣) 왼쪽의 허술한 곳으로부터 말을 버리고 언덕으로 올라왔는데, 털담요로 몸을 감싸고 스스로 밀면서 한꺼번에 에워싸면서 진격해 와 형세가 마치 비바람이 몰아치는 것 같았다.

　휘하의 군사들이 공을 부축해 급히 피하고자 하였으나 공은 웃으면서 말하기를, "내가 어디로 가겠는가." 하고는, 검으로 땅을 치면서 크게 외치기를, "지금은 달아나도 역시 죽을 것이니 차라리 싸우다가 죽을 것이다." 하였다. 군사들이 모두 온 힘을 다해 싸워 수십 명의 적을 때려죽였다. 이에 적들이 달아나려고 하였는데, 병사(兵使)가 지키던 군중이 홀연 어지러워졌다. 그러자 유림은 창졸간에 투구를 잃어버리고 산발을 한 채 말에 올라 달아나려고 하였는데, 그 휘하 군사가 말고삐를 잡고 저지하였다. 적들이 멀리서 그것을 보고는 그 틈을 타 쳐들어왔다.

공의 휘하인 김철봉(金哲鳳) 등 여섯 사람이 모두 전사하였다. 공은 호상(胡床)에 걸터앉아 움직이지 않은 채 차고 있던 부절(符節)과 인장(印章)을 소리(小吏)에게 주면서 말하기를, 『이곳이 내가 죽을 자리이다. 그러나 이 물건은 잃어버려서는 안 되니, 너는 반드시 싸 가지고 가라.』하였으며, 붓을 잡고서 한 줄의 글을 써서 모시고 있던 자에게 주었는데, 대개 노모와 영결(永訣)하는 말이었다.

공은 몸에 화살 세 대를 맞았는데, 스스로 뽑아내고는 활을 끌어당겨 적을 향해 쏘았다. 적들이 곧장 앞쪽을 향해 침범해 오자 칼을 뽑아 적들을 치다가 드디어 해를 당하였으며, 휘하의 군사 중에 따라 죽은 자가 아주 많았다. 공의 남은 군사들이 하나의 높은 언덕을 지키면서 혈전을 벌여 무수히 많은 적을 죽이자, 적이 이에 퇴각하였다. 그런데도 유림은 끝내 구원하지 않고 있다가 마침내 공의 남은 군사들이 싸워 죽인 적들의 시체를 취하여 자신의 공으로 삼으니, 군사들이 분노하여 모두 그의 살점을 씹어 먹으려고 하였다.

　공의 휘하인 박형(朴洞) 등이 공의 시신을 찾았는데 맨몸으로 땅에 버려진 채 아직 심장이 뛰고 있는 것을 보고, 유림에게서 옷을 얻어 덮어주고자 하였지만, 유림은 패만한 말을 하면서 옷을 주지 않았다. 얼마 뒤에 공의 숨이 완전히 끊어지자 박형 등이 옷을 벗기고 염습(殮襲)을 한 다음 관에 넣어 진(陣)의 뒤편에 초빈(初殯)하였다. 적들이 다시 이르러 와서는 관을 파내어 시신을 꺼내놓았는데, 마침 평소에 공을 흠모하던 자가 지나가다가 사민(士民)들에게 유시하여 함께 들쳐 업고 가 깊은 골짜기에 매장한 다음, 장소를 누설하지 못하도록 하였다. 이때 이르러 다시 예를 갖추어 염습하였는데, 날짜가 이미 40여 일이 지난 뒤였는데도 얼굴빛이 살아 있을 때와 같았다.

〈중략〉

時道路隔斷。訛言屢騰。使十輩往。無一反者。不知上所在。及聞南漢受圍。副元帥敗沒。促柳琳俱行。琳遷就自解。殊無意行。公以大義責之。自領所部先發至江東。琳始追及。說公毋輕動。公拔劍斫地曰。君父危急。敢發此言。吾寧進死。不欲退生。琳憗而退。在途又緩行。不戰軍士。以軍令臨之。琳恨之。公號令明白。與士卒均辛苦。士爭願效死。於是連遇賊敗之。還我民俘擄者前後數千人。至新溪食乏。軍士以豆爲食。廚人進飯。却之曰。吾何忍獨甘此。卽取豆共食。軍中感泣。忘其飢。琳又請從僻路。不欲當全鋒。公責其逗撓。將斬姑貸。琳益恨公次骨。正月二十六日。至金化遇賊。斬數百級。奪俘獲男婦數百人。畜三百餘頭。發倉粟食軍。候吏報。西南塵起蔽天。卽移軍縣南柏田山。先使琳視地形。琳自擇便處。據山之左阯。公據右阯。琳曰衆寡不敵。盍潛師以避。公奮曰。君父在難。分當效死。我志已決。更勿復言。況我軍在此。賊必分兵來戰。勿專向南漢。此亦一計也。令軍中能死則生。死亦不死。皆應曰諾。令軍作顏行。自山右布陣。首尾無隙。令兵使從山左對布如右。元央相似。琳陽應。以羸卒居外。而悉抽勇銳自衛。二十八日。賊縱二十騎來嘗。我使精砲齊發盡斃之。又縱三十餘騎。又如之。死者半走者半。賊不敢直犯。使百餘騎在前。示挑戰狀。以大兵繞出山背衝陣後。公令壯士分兵迎擊。殪數十百人。中其二將。賊登山覘視。益生兵從陣左羸處舍馬登岸。氈裹自推。一擁而進。勢若風雨。麾下欲扶公急避之。公笑曰。我何往。以劍擊地大呼。今走亦死。寧死戰。將士無不盡力。搏殺數十人。賊幾奔。兵使軍中忽自亂。琳倉惶失兜鍪。披髮上馬欲遁。其下控而止。賊望見乘之。公麾下金哲鳳等六人皆戰死。公據胡床不動。取符印授小吏曰。此吾死地。然此物不可失。汝必藏去。取筆作一行書付侍者。蓋與老母訣語也。身中三矢。自拔之。引弓射賊。賊直來前犯。拔劍擊賊。遂遇害。麾下從死者甚多。公餘軍保一高阜血戰。殺賊無算。賊乃退。琳終不救。竟取公餘軍所戰殺以自功。軍人憤怨。皆欲食其肉。公麾下朴洞等覓公屍。赤身在地。心下尙溫。從琳求衣。琳出慢語不與衣。俄頃而終。洞等脫衣棺斂。殯于陣後。賊復至。拔棺暴屍。適有素慕公者過之。諭土民共負。埋於深谷。防護勿泄。至是備禮改殮。歷寒溫四十餘日。顔色如生。

〈평안도관찰사홍공명구신도비명-청음집 권25〉

*생창리 가는 길에 평안감사 홍명구와 평안병사 유림을 모신 사당

이 글을 읽고 사당문을 나서면서 나는 극심한 갈등에 유림 장군 대첩비를 찾는 여정을 그만두어야만 하는가 하고 심히 고민하게 되었다.

그만큼 혼란스러웠다. 아니 넋이 나갔다는 말이 더 가까울 것이다.

도대체 청음(淸陰)이 누구인가?

지체가 낮은 이름 없는 선비도 아니고, 병자호란을 직접 몸을 던져 막아내자고 했던 척화파의 우두머리 김상헌이 아닌가…. 절개와 지조의 화신…. 모진 고초를 겪고도 언제나 당당했던 그는 한 시대의 사상적 이념을 지배하던 인물이 아니던가…. 전쟁이 끝난 후 주전파로 지목되어 청나라로 끌려갔고, 당시 서울 도성을 떠나며 그가 지었다는 시가 바로 기억이 났다.

가노라 삼각산아 다시 보자 한강수야
고국산천을 떠나고자 하랴마는
시절이 하 수상하니 올동말동 하여라

방금 홍명구신도비명에서 본 몇몇 이야기가 계속 내 머릿속에 맴돌며 떠나지 않았다.

---『휘하의 군사들이 공을 부축해 급히 피하고자 하였으나 공은 웃으면서 말하기를, 「내가 어디로 가겠는가.」 하고는, 검으로 땅을 치면서 크게 외치기를, 「지금은 달아나도 역시 죽을 것이니 차라리 싸우다가 죽을 것이다.」 하였다. 군사들이 모두 온 힘을 다해 싸워 수십 명의 적을 때려죽였다. 이에 적들이 달아나려고 하였는데, 병사(兵使)가 지키던 군중이 홀연 어지러워졌다. 그러자 유림은 창졸간에 투구를 잃어버리고 산발을 한 채 말에 올라 달아나려고 하였는데, 그 휘하 군사가 말고삐를 잡고 저지하였다. 적들이 멀리서 그것을 보고는 그 틈을 타 쳐들어왔다.』

그리고, 또

　---『공의 남은 군사들이 하나의 높은 언덕을 지키면서 혈전을 벌여 무수히 많은 적을 죽이자 적이 이에 퇴각하였다. 그런데도 유림은 끝내 구원하지 않고 있다가 마침내 공의 남은 군사들이 싸워 죽인 적들의 시체를 취하여 자신의 공으로 삼으니, 군사들이 분노하여 모두들 그의 살점을 씹어 먹으려고 하였다.』

그리고, 마지막 이 부분은 어떻게 설명한단 말인가 …?

　---『공의 휘하인 박형(朴泂) 등이 공의 시신을 찾았는데 맨몸으로 땅에 버려진 채 아직 심장이 뛰고 있는 것을 보고는, 유림에게서 옷을 얻어 덮어주고자 하였지만, 유림은 패만한 말을 하면서

옷을 주지 않았다. 얼마 뒤에 공의 숨이 완전히 끊어지자 박형 등이 옷을 벗기고 염습(殮襲)을 한 다음 관에 넣어 진(陣)의 뒤편에 초빈(初殯)하였다.』

평안도관찰사 홍명구의 비명에 실린 글의 요지는 바로 이렇다.

즉 홍명구는 마지막 순간에도 결사 항전을 외치며 싸움을 북돋우고 있는 와중에 병사 유림은 적의 공격으로 자신의 군대가 어지러워지자 창졸간에 투구를 잃어버리고 머리를 산발한 채 말에 올라 달아나려 하면서 군기가 무너지는 모습을 보여, 적이 그 기회를 타고 맹공을 가하게 되는 빌미를 제공했다는 것….

홍명구의 군대가 혈전을 벌여 무수히 많은 적을 죽여 적이 퇴각하여 승전의 기미가 보였는데, 유림은 끝내 구원하지 않다가 마침내 홍명구의 남은 군사들이 싸워 죽인 적들의 시체를 취하여 자신의 공으로 삼았다. 그러자 공의 군사들이 분노하여 유림의 살점을 씹어 먹으려 하였다….

끝에 관찰사홍명구의 휘하 박형(朴泂)이 공의 시신을 찾았는데 아직 심장이 뛰고 있는 것을 보고 유림에게 옷을 얻어 덮어주자고 했지만, 유림은 패만한 말만 하면서 옷마저 주지 않았다….

이 대목에서 보면 평안병사 유림은 장수의 위엄은커녕 인정도 없고 패려궂고, 거만하고, 거들먹거리며, 자신의 이익을 위해서는 전장에서도 망설임 없이 시체팔이나 하는 파렴치한 장수에 지나지 않는다는 이야기이다. 입에 담기 어렵지만, 이 이야기를 들은 사람들은 홍명구의 군사들뿐만 아니라 조선의 백성이라면 어느 누구라도 모두 평안병사 유림의 살점을 씹어 먹으려 했을 것이다.

이 일을 어떻게 한다…?
『진주유씨세보』에 기록된 남구만의 유림장군신도비명을 읽고 의기양양해서 수백 리 길을 달려왔건만, 한순간에 영욕이 교차하며 끝내는 나락의 구덩이로 떨어지려는 찰나에 있었다.
나는 정말 쥐구멍에라도 숨고 싶은 심정이었다.
그때 마침 사당 안에 아무도 없었기에 천만다행이지 만약에 누가 있었더라면 나는 슬며시 돌아서서 등을 보였을 것이다. 또 만약에 그곳에 누가 있어 내게 '어떻게 여기에 오셨소' 하고 묻는 이가 있었더라면 나는 그만 말을 더듬고 얼버무리며 '그냥 지나가다 들렀습니다'라고 답한 후에 얼굴을 붉히며 총총히 뒤도 돌아보지 않고 줄행랑을 놓았을 것이다.

나는 이렇게 치욕에 휩쓸려 있었다.
나는 부끄러운 마음에 몸을 떨고 있었다.

이렇듯 청음(淸陰) 김상헌(金尙憲)의 홍명구비명에는 어느 한구석에서도 평안병사 유림에 대해 장수다운 기개와 풍모는 전혀 찾아볼 수 없었고 오직 졸렬하고 창피하고 추잡하고 패만한 모습만 보였다.
그러나 유감스럽게도 당시 내가 알고 있는 청음 김상헌이라는 이름의 위상이 너무 높아 우리 할아버지 유림 장군에 대한 비난을 감히 의심할 수가 없었다.

내 차로 돌아와 나는 그만 운전석에 털썩 주저앉고 말았다.
그런데 그때 이렇게 오랜 세월 기다렸던 여정을 여기서 멈춘다면 후에 자신에게 또 다른 회한이 되어 돌아올 것이라는 생각이 스쳤고, 그래서 나는 이왕 나섰으니 끝까지 가보자고 결심을 해서, 마음을 다잡고 용기를 내 생창리 길을 따라 조심스럽게 차를 몰아갔다.

휴전선이 가까워지면서 길에는 적 탱크의 진입을 막는 콘크리트로 구조물로 된 대전차방어벽 사이로 난 좁은 길을 몇 개 지나자 군 검문소가 나타났다. 검문소 초병들이 나와 차를 세우며 내게 신분증 제시를 요구했고, 내가 방문하는 목적을 말하자 이곳은 민간인의 출입이 금지된 민통선이라 더 갈 수 없으니 차를 돌려 나가라고 한다.

나는 자초지종을 이야기하면서 이 부근에 있는 유림장군 대첩비를 찾아왔다고 했다. 초병은 민통선 안으로 들어가려는 외부인은 하루 전에 방문신청을 해야 한다며 오늘 신청서를 제출하고 허가가 나면 내일 들어갈 수 있다고 설명을 해준다.

그렇지 않아도 홍명구 사당에서 날벼락을 맞은 뒤라 의기소침해 있던 나는 이렇게 여행이 끝나야 하나 하는 심정에서 내가 지참하고 있던 주민등록증, 교사 신분증을 내보이며 혹시 검문소 책임자에게 내가 직접 말해볼 기회를 달라고 떼를 썼다. 그들은 그래도 내가 서울에 있는 고등학교 현직교사라는 점을 참작해서 그냥 돌려보내기에 민망했는지 전화로 윗선에 연락을 취하고 있었다. 잠시 후 소위 계급장을 단 장교가 나를 맞아주었다. 그래서 나는 좀 더 자세하게 나를 소개하면서 적극적으로 도와줄 것을 호소했다.

나는 20여 년 전에 전곡 28사단 예하 연대 작전과에서 근무했으며 직무상 2급비밀 취급인가를 받았고, 1966년도에 월

남전에 참전한 참전유공자이며, 현재는 서울 소재 고등학교에서 교사로 근무하고 있다고 간략하게 나 자신을 소개하고, 나는 병자호란 때 이곳에서 승전한 유림 장군의 후손으로 그 공을 기리는 대첩비가 이곳에 세워져 있다는 기록을 족보에서 보고 이렇게 찾아 나서게 되었다고 내가 갖고 간 한역 족보를 꺼내 증거 삼아 보여주었다.

나의 적극적이고 간절한 전말을 듣고 나서 마음이 움직였는지 장교는 초소 사병들에게 출입증을 바로 발급해주라고 했다. 그러면서 저쪽으로 조금 들어가면 마을 경로당이 있는데 그곳에 가서 물어보라고 하면서 나를 그곳까지 안내해 줄 사병들을 붙여주었다.

나는 그들을 따라 마을의 경로당에 도착했다. 건물에 생창리 경로당이란 팻말이 걸려있었다. 날씨는 여전히 잔뜩 흐렸고 진눈깨비도 어지럽게 흩날렸다. 경로당 문을 조금 여니 어둑어둑한 방에 앉아 있던 노인들 몇 명이 안내 사병과 나를 바라보고 있었다. 그래서 나는 병자호란 김화전투에서 승리한 유림 장군 후손으로 장군의 대첩비가 이곳에 있다는 이야기를 듣고 찾아왔다고 하며, 혹시 그곳을 아시는 어른이 있는지를 조심스럽게 여쭈었다. 그 중에 한 어른이 잘 알고 있다고 하면서 길 안내를 자청했다. 그분을 따라 마을을 지나

북쪽으로 난 좁은 오솔길로 접어들었다. 길 양편에는 군데군데 지뢰매설지역이라는 경고판이 보였다. 이런저런 이야기를 하던 끝에 촌로는 왜 이제야 찾아왔느냐는 핀잔을 주기도 하고 한편으로는 그래도 이곳까지 찾아 나선 후손의 정성이 갸륵하다는 이야기도 하면서 이윽고 잡목이 우거진 공터에 이르렀다. 김화의 고전장은 백전(栢田)이라 했는데 사방을 둘러보아도 잣나무는 보이지 않았다.

제법 규모가 큰 비석이 흐릿하게 잡목 사이로 모습을 드러내고 있었는데 때마침 내리는 진눈깨비를 맞아 더 없이 외롭고 초라한 모습으로 홀로 묵묵히 서 있었다. 나는 비석 앞에 서서 마음을 경건하게 단속하고 흰 눈이 쌓인 땅에 엎드려 큰절을 한 번 올리고 한 참 만에 일어나 가볍게 머리를 조아려 세 번의 고두를 올렸다. 그렇게 예를 다하고 나는 할아버지에 안기는 심정으로 비석을 껴안았다.

4백여 년의 세월이 비석과 내 가슴 사이에 있었다. 비석은 군데군데 금이 가 있었고, 6.25 전쟁 때 입은 것으로 생각되는 총알 자국이 여러 곳에 크게 흉터처럼 나 있었다. 나는 비석에 새겨진 문구를 손가락으로 더듬으며 한 자 한 자 읽어 내려갔다.

평안도병마절도사유공림대첩비
平安道兵馬節度使柳公琳大捷碑

* 평안도병마절도사유공림대첩비-인조 22년(1644년)에 당시 김화 사람들에 의해 세워짐.(철원군 김화읍 생창리 1번지. 신경준씨와 함께)

* 대첩비 바로 옆 사당이 있던 장소로 추정되는 공터

대첩비는 오래도록 이렇게 버티고 서 있었다.

사람의 인적이라고는 드문 휴전선 남단 민통선 안의 황량한 벌판에 오랜 세월 풍상을 겪어 색깔마저 희뿌옇게 바랜 상처투성이의 대첩비를 바라보면서 한편으로는 파란만장했던 유림 장군의 모습을 뵙는 것 같아 안타깝고 죄스러운 마음이 앞섰다.

상념에 젖어 한참 동안 주위를 서성이던 중 옆에 자그마한 공터가 보였다. 공터에는 주춧돌과 깨진 기와 조각들이 널브러져 있었다. 바로 옆에는 지뢰매설지역이라는 경고가 붙어 있어 위험을 느꼈지만, 호기심에 그냥 빠져나올 수가 없었다. 생각해보니 여기 유림 장군 대첩비 바로 옆에 장군의 위패를 모시던 사당이 따로 있었을 것이라는 추측이 되었다.

혹시 근처에 유물이라도 한 점 찾을 수 있을까 하고, 여기 저기 살피던 나는 모서리가 조금 떨어져 나갔지만 그래도 원형을 유지하고 있는 숫기와 한 장을 발견해서 집어 들었다.

이제는 떠날 시간이 되었다.
집을 떠나올 때는 큰 기대를 갖고 의기양양해서 달려왔건만 지금의 내 모습은 황량한 벌판에 홀로 서 있는 대첩비처럼 쓸쓸하기가 그지없었다. 때마침 몰아치는 바람으로 진눈깨비가 내 얼굴을 때리고 이마를 타고 내리며 눈물처럼 흐르고 있었다. 곳곳이 깨져 금이 가고 총알 자국이 숭숭 나 있는 대첩비도 소리 없이 눈물을 흘리고 있었다.
떠나기 전에 다시 절을 올렸다. 그리고 엎드린 자세에서 마음의 다짐을 했다.
후일 내가 성공하면 번듯한 사당을 지어 할아버지를 모시겠다고….
그러나 유감스럽게도 이 마음의 다짐은 지키지 못했다.

마을 촌로와 초병에게 고맙다는 인사를 하고 오던 길과 역방향으로 차를 몰았다.
서울에서 아침 일찍 출발했는데 점심을 거른 채 시간은 벌써 오후 3시가 가까워지고 있었지만, 길가 사당에서 날벼락을 맞고 정신줄을 거의 놓고 있었던 나는 돌아갈 길 걱정에 마음까지 바빠 배가 고픈 느낌도 없고 식욕도 느끼지 못했다. 짧은 겨울의 하루는 벌써 김화의 고전장에 어둠이 깔리기 시작했다. 물도 한 모금 마시지 못한 채로 나는 서울 집으로 귀환했다.

밤이 늦어 집에 귀가하니 온 식구들이 걱정되어 기다리고 있었다.

사기가 꺾이고 풀이 죽은 나는 이런 내 모습을 식구들에게 보이기 싫었다. 오히려 약간 소리를 높여 백전의 들판에서 할아버지의 대첩비를 찾았다는 승리의 결과만을 보고했다. 그리고 이 말을 증명이라도 하듯이 기왓장을 꺼내놓으며 대단한 유물이라도 건진 것처럼 자랑했다.

모든 게 허전했다.

갑자기 피곤이 몰려오고 목도 마르고 허기가 졌다. 얼른 씻고 저녁 먹으라는 모친의 재촉을 받고 부리나케 밥을 먹고 잠자리에 들었다.

이불을 잡아당겨 머리끝까지 푹 덮었다.

이후로 나는 우리 할아버지 평안병사 유림 장군의 일은 더

들춰보지 않았다. 오늘의 답사로 청음 김상헌의 평안관찰사 홍명구신도비명이 약천 남구만의 평안병사 유림장군신도비명을 완전히 압도해버린 충격이 너무 크기 때문이었다. 병자호란 김화의 전투가 단지 전설로 남아 비바람에 씻겨나가고 햇빛과 달빛에 바래지도록 백전의 언덕을 넘지 못하고 들판에 떠도는 그 비밀의 실체를 이제야 어렴풋이 알게 되었다. 전설이 역사가 되지 못하고 전설로 남는 필연적인 이유가 있을 것이라고 뼈저리게 느꼈다.
　이때까지만 해도 그렇게 생각했다.

조선왕조실록이 번역되다

  1995년도쯤 해서 나에게 아주 관심이 많은 뉴스가 뜨기 시작했다. 그게 바로 조선왕조실록의 번역과 간행이었다. 실록의 번역과 간행이 1993년도에 완성되었다는 뉴스가 나왔지만 아직까지는 일반 사람들에게는 그림의 떡이었다. 그러다가 1995년쯤 해서 그것보다 훨씬 나의 관심을 끄는 뉴스가 나왔다. 바로 실록의 전산화가 이루어졌으며 CD-ROM으로 제작되었다는 소식이었다.

  이 소식이 나를 다시 깨웠다.
  생창리 사당에서 날벼락을 맞은 후 깊이 잠적했던 전설이 불현듯 다시 일어설 기미가 보이기 시작했다. 빨리 CD를 열어 실록을 뒤지고 싶었는데 이것 또한 녹록지 않았다. 95년도 가격이 500만 원이나 되어 개인이 구매하기에는 엄두도 낼 수 없었다. 공공기관이나 대학도서관에서도 불법 복제품을 썼다니 알만한 일이다.

나는 조선왕조실록 번역에서 간행, 그리고 전산화 작업을 거쳐 CD-ROM의 완성이야말로 제2의 한글 창제와 같다고 생각하는 사람이다. 어떻게 보면 세종대왕의 한글 창제 업적이 20세기 말에 와서 조선왕조실록의 전산화 작업을 통한 CD-ROM의 완성으로 꽃을 피웠다고 생각한다. 이렇게 방대한 정보를 컴퓨터 창을 통해 들여다보게 되면서 전에는 감히 생각하지도 못한 일들이 가능해졌다.

2005년에 더 좋은 일이 있었다.
바로 조선왕조실록 온라인 서비스가 무료로 시작되었다. 이 일로 나는 마음껏 실록의 창을 드나들었다. 정보의 폭은 확대되었다. 승정원일기에 연려실기술까지 올라오고, 청나라 실록도 들여다볼 수 있게 되었다. 이러한 혜택은 나만 본 것이 아니다. 인터넷 검색을 통해 다양한 정보를 수렴할 수 있게 되자 전문 학자들뿐만 아니라 아마추어 역사연구자들도 가세해서 예전에는 볼 수 없던 정확한 정보를 바탕으로 많은 글이 올라오고 있었다. 나는 이렇게 한글로 된 각종 정보를 읽을 때마다 세종대왕이 얼마나 위대한 업적을 남겼는지 뼈 속 깊이 느끼며 감사하게 생각한다.

이렇게 인터넷 검색을 통한 정보의 축적과 교차검증을 통해 비교 분석하며 나는 평안병사 유림의 행적에 대한 기록을 정리했다. 그리고 조금은 늦었지만, 이제는 때가 무르익었다고 생각하게 되었다. 그래서 나는 병자호란 김화의 백전전투에 대한 사실을 재구성해서 새롭게 세상에 내놓으려고 결심하게 된다.

여기에는 나만의 특별한 목적이 있다.
내가 인터넷 검색을 통해 많은 정보를 보고 분석하면서 역사, 또는 군사 분야의 전문가이건 비전문가이건 각자 영역의 한계가 있다는 것을 알게 되었다. 나의 경우는 유림 장군의 후손으로 족보를 보다가 이 이 문제에 도전한 사람이다. 후손이라 단점도 있겠으나 가문에서 듣고 자란 모든 정보가 세세하지만 중요한 역사의 디테일을 메꿀 수 있다는 것이다. 그리고 이 부분은 다른 사람의 머리와 지식에만 맡길 수 없는 일이다. 이런 부분에 조금 신경을 쓰며 읽어주신다면 매우 고마운 일이다.
이제 1636 병자년 인조 14년으로 가보자.

서북에 칼바람 불다

1636년 인조 14년이었다.

동짓달로 들어서면서 서북에 부는 찬바람은 칼처럼 매서워지고 있었다.

쳐들어온다는 소문은 틈틈이 바람결에 들려오곤 했다. 동지가 지나 섣달로 접어들면서 군데군데 잔잔히 흐르던 압록강의 물이 두껍게 얼어 있었다.

12월 8일 꽁꽁 얼어붙은 압록강을 건너 청의 대군은 텅 빈 의주성(義州城)을 돌아 남쪽에 주둔한다.

당시 청 태종이 동원한 군사는 병자호란사나 연려실기술에 따르면 대략 130,000명이라 기록하고 있다.[7]

이때 조선의 관문 의주성을 지키던 의주부윤 임경업 휘하의 장병들은 의주성을 비우고 백마산성으로 들어가 농성에 대비한다.

---

7) 병자호란 청군의 규모는 삼전도비문에 10만 설, 연려실기술 13만, 국방부 병자호란사에 12만 8천, 그리고 최근 구범진/이재경은 47,000~5만으로 추정하고 있다. 필자는 구범진/이재경의 설에 당시 청군은 정규군의 1/3에 상당하는 잡군을 대동하였다는 사료를 고려하여 6만±5천으로 추정한다.

여기에는 상당한 이유가 있었다.

바로 9년 전 정묘호란 때 의주성에는 의주부윤으로 이완(李莞)이 군사 천여 명으로 적을 막다가 성이 함락되어 이완 이하 모든 장졸과 성민이 전원 도륙을 당했다.

이완은 이순신 장군의 조카로 임진왜란 때 장군을 도와 마지막 노량 전투에 참여해 이순신 장군이 왜적의 총탄에 돌아가시자 장군의 부음을 알리지 않고 끝까지 전투를 지휘해 승리로 이끈 전력이 있는 나라의 기둥이었다.

의주성은 나라의 관문(關門)이며, 동시에 국경을 방어하는 큰 진(鎭)이다.

이 의주성을 통해 대륙과 소통하는 인마가 드나들며 당시 명·청의 패권이 바뀌려는 시기에 중국과 만주지역의 변화와 정세의 기미를 가장 가까이서 감지할 수 있는 읍성이었다. 따라서 많은 군사전략가는 이곳의 관방을 엄중히 하고, 성곽을 튼튼하게 쌓고, 병사를 기르고 무기와 군량을 비축할 것을 주문했다.

정묘호란이 끝나고 전일의 참극을 되풀이하지 않기 위해 의주성을 정비하려는 계획은 있었다. 그러나 나라의 재정 부족으로 병사와 군량의 보급이 불가능했다. 의주성을 제대로 방어하려면 최소 병사 1만에 군량미가 1년 5만 석이 있어야

하는데, 조정의 힘이 미치지 못해 청북(淸北 : 청천강 이북)지역의 관과 민이 모두 청원했으나 받아들여지지 않았다.

병자호란 당시 임경업 장군은 1,600의 병사와 함께 성을 지키다 청군이 침략한다는 첩보를 받고 의주성을 비우고 백마산성으로 들어가 농성하게 되었다.[8)]

당시 조선 제일의 장수라고 용맹을 자랑하던 천하의 임경업이 거느린 군대가 고작 1,600명이라니 당시 조선의 실정을 미루어 알만한 일이다. 실정이 이러했기 때문에 임경업 장군은 휘하의 군병을 의주성에서 빼내어 백마산성으로 들어가게 되었는데, 이는 어찌 보면 불가피한 선택이라 본다.

지금까지의 과정을 청태종문황제실록에 따라 조선 침략의 경과를 보면 다음과 같다.

동짓달 19일   조선정벌 공포.
12월 1일   출정, 청의 수도 성경에서 출성.
12월 3일   호부승정 마복탑, 전봉대신 노살에게 군사300을 상인으로 위장 조선으로 잠입시켜 조선의 왕궁을 포위하라는 명령을 내려 출발시키다.

---
8) 승정원일기 인조14(1636) 3월 4일 도원수 김자점이 인조에 보고하는 내용에 당시 의주에 임경업 휘하의 1,600인이 주둔하고 있다는 기록이 보임.

	또한 지원군으로 화석예친왕 다탁과 고산패자 석탁, 니감에게 호군 1,000명을 거느리고 뒤쫓게 함.
12월 7일	병부의 다라패륵 악탁과 초품공액부 양고리로 하여금 매륵장경 1명과 정예한 철기병 3,000을 거느리고 각자 15일치 식량을 휴대하고 접전을 피해 왕경으로 달려가 화석예친왕 다탁의 포위임무를 지원하도록 함.
12월 8일	청 태종의 본대는 鎭江(진강)9)부근에 주둔하여 다라안평패륵 두도와 명나라에서 귀순한 공유덕, 경중명, 상가희, 석정주, 마광원과 함께 다음 날 압록강을 건넜다.

---

9) 신의주와 의주 중간지점으로 압록강 연안에 위치한 청나라 지역

토붕와해

 청 태종의 본진은 텅 빈 의주성의 돌아 12월 10에 곽산에 진주한다. 이때 곽산산성에는 곽산군수 정빈과 내원한 정주 목사 안영남이 산성을 지키고 있었으나, 목사 안영남이 청의 대군에 대적할 수 없음을 알고 자결하자 성을 지키던 관민이 모두 흩어지고 남은 사람들은 청에 항복을 해버렸다.

〈안주고성도〉

한편 청 태종은 다라패륵 안평이 보낸 첩보로 평안감사 홍명구가 평양성을 비우고 자모산성(평안남도 평성시 자모산 소재)으로 들어간 사실을 알고 시위 앙고리로 하여금 20명을 이끌고 안주성을 정탐하게 한 뒤 자신은 본진을 이끌고 안주성에 도착하여 남문 밖의 언덕에 포진한다.

당시 안주성은 평안병사 유림이 지키고 있었다.

이날 청 태종은 큰 낙타를 타고 안주성 남문 밖 산 위에 올라 성을 내려다본다. 안주성은 평지에 수축한 성이라 산에서 내려다본 안주성은 손바닥처럼 훤히 보이고 있었으나 한 조각의 깃발이나 한 사람의 소리도 없이 깊은 적막감만 감돌고 있었다. 이에 청 태종은 대군이 성에 다다랐는데 이처럼 질서 있고 조용하니 성을 지키는 장수가 반드시 지략이 있을 것이라고 말했다고 한다. 안주성 공격이 여의치 않자 평안병사 유림을 회유하기 위해 14일 다음과 같은 칙서를 보낸다.

〈청황제 칙서〉

　대청국관온인성황제가 조선국 안주성을 지키는 관원에게 칙서를 보내 타이르노니 짐이 오늘 군사를 거느리고 와서 토벌하는 것은 너희 나라가 미약하여 쉽게 취할 수 있어 부질없이 백성들을 피폐하게 하기 위한 욕심을 드러내는 것이 아니라 너희 나라 임금의 근신들이 하늘과 땅을 속이고 맹서를 저버리어 오랜 우호관계를 단절하였으며 평안도 홍명구관찰사에 글을 보내기를 정묘년에 임시로 허락한 강화가 지금 이미 영원히 단절되었으니 마땅히 지모 있는 선비들을 모으고 용감한 자들을 격려하여 보복토록 도모하라는 등의 말을 하였다. 그 글을 짐의 사신들이 가져와서 짐에게 바쳤으니 이는 하늘이 사실상 시킨 것이다. 짐이 이글을 보고 비로소 너희 나라가 맹서를 깬 것을 알 수 있는 명백한 증거가 되었다. 이에 천지에 고하고 대군을 징발하여 조선에 깊숙이 들어가 팔도를 평정하려 한다. 네가 외로운 성에 앉아 지키면 짐의 군사가 마침내 물러갈 것이라고 바라지 마라. 짐이 여기에 온 이상 어찌 너의 성을 함락하지 않고 곧 바로 군사를 돌리겠느냐. 대군이 가지고 온 홍의포, 장군포, 화기, 전차를 너는 어찌 보지 못하느냐. 짐이 만일 속히 돌아갈 것이면 어째서 이처럼 무거운 화기를 가지고 왔겠느냐. 짐은 곧 왕경에 주둔하여 대군을 팔도에 나누어 주둔시킬 것이다. 알 수 없지만 너희 왕이 하늘로 올라 바다로 들어갈 수 있겠느냐. 만약 배를 타고 바다로 간다면 짐도 또한 반드시 배를 타고 쫓아가 잡을 것이다. 영원히 너희 나라를 평정함이 실로 이 시점에 있도다. 너의 관병들 중 무기를 들고 명령을 거스르는 자가 있으면 가차 없이 죽일 것이고 귀순하는 자가 있으면 보살펴 줄 것이다. 너희들은 이 기회를 놓치지 말고 시세에 순응하여 성에서 나와 나에게 돌아오면 가히 자신의 집도 온전할 것이고 종족도 보전하며 공명을 수립할 것이며 또한 성내의 모든 군사와 백성들도 환란을 면하게 될 것이다. 너희들이 따르지 않다가 화가 미치면 후회막급하리라. 짐이 만약 너의 왕이 약하고 국가가 미약하다고 속여 명분 없는 군사를 일으켰다면 너희들도 죽음을 무릅쓰고 지키는 것이 실로 마땅하다. 그러나 너희 나라 임금과 신하들이 황제의 은덕을 헤아리지도 않고 태평을 원하지도 않고 맹약을 돌아보지도 않고 국가의 위태로움을 염려하지도 않고 군사와 백성들이 도탄에 빠질 것을 생각지도 않고 먼저 싸움의 단서를 열었으니 고통을 자초한 것이다. 장군은 마땅히 그들의 잘못을 나무라고 속히 와서 귀순하라. 이러는 것이 어질고 슬기로운 자가 할 바이다. 시세를 알아 환란을 피하고 흉한 것을 버리고 길한 것을 쫓음이 또한 하나의 도리이니 조속히 생각하라. 만일 귀순한 뒤 너의 국왕이 너의 처자와 종족을 살육할까 염려하지 말라. 짐이 말하노니 너의 임금이 혹 성을 지키거나 혹 섬으로 도망한다 하더라도 자기 자신도 살아나기 어려운데 어느 겨를에 너의 처자와 종족을 살육하겠는가. 너희들은 다만 짐을 따라가는 것이 만전지책이라. 특별히 유시하노라. 〈청태종문황제실록 권 32 12월 16일〉

丙戌。諭朝鮮安州守臣曰、大清國寬溫仁聖皇帝敕諭朝鮮國安州城守等官。朕今興師來討。非以爾國微弱易取。徒欲殘民以逞也爾國王近臣欺誑天地。違棄盟誓斷絕舊好移文與平安道洪觀察使云。丁卯年權許講和。今已永絕為難。當集智謀之士。勵勇敢之人以圖報復等語。其書為朕使臣所得。來獻於朕此。
天實使之也。朕觀是書。始知爾國敗盟。有明証矣。爰告天地、徵發大兵、深入朝鮮、平定八道、爾勿坐守孤城、望朕兵之遂退也。朕既來此。豈爾城不下、遽爾旋師乎。大軍所帶紅衣礮、將軍礮、火器戰車、爾寧不之見耶。朕若速回、胡為攜此重器而來。朕今駐蹕王京。大軍分屯八道。不識爾王能乘空入海乎若止乘船適海朕亦必以船逐取之永定爾國實在此時爾官兵有攖鋒逆命者。殺無赦有歸誠迎順者。優養之爾等能乘機順時舉城歸我。可全身家。保宗族。樹功名且俾全城軍民俱免禍患爾等不從。則禍至悔無及矣朕若欺爾王弱國微興無名之師則爾等之死守也固宜。乃爾國君臣不度德不量力不願太平。不顧盟好。不慮家國之危亡不念軍民之塗炭先啟釁端。自貽伊戚將軍當追咎其非速來歸命。此賢哲所為識時避亂。去凶趨吉亦一道也。其速思之。如慮歸命之後。爾國王戮爾之妻孥。宗族耶。朕謂爾王或守城或遁島自救不贍。奚暇戮爾之妻孥宗族哉。爾等但隨朕往可保萬全矣。特諭。

이에 유림은 대꾸도 하지 않고 안주성 전체가 전혀 흔들림이 없었다.

청 태종은 이틀 동안 안주성 주변에서 노략질하다가 성 밖에 불을 질러 연기를 피어 올려 시야를 흐려놓고 군을 빼 거침없이 남하하여 12월 17일 평양성에 주둔한다.

오호라 안타깝다.
천운이 강한 자는 위험도 피해갈 줄 아는 모양이다.
10년 전 정묘호란에 안주성은 이괄의 난이 끝나고 성을 방어할 만한 준비가 되어있지 않은 상태에서 급히 청군을 막아내야만 했다. 그때 평안병사 남이흥 장군이 3천의 병사로 대패륵 아민이 이끄는 3만 여에 이르는 청군을 상대로 분전했다. 중과부적으로 성이 깨지고 일시에 적이 몰려들자 장군은 적들을 최대한 화약고 쪽으로 유인해 놓고 불을 놓아 자폭해서 다수의 많은 적과 함께 장렬한 최후를 맞이한 곳이다.

정묘호란 때 하삼도[10)]의 군사들을 이끌고 강화도로 집결하라는 명을 받고 충청병사 유림은 수하의 근왕병 5,000명을 이끌고 맨 처음으로 도착해 연강방어대장으로 강화도 - 노량

---

10) 조선 시대 충청도·전라도 경상도를 아울러 부르던 이름

진 - 남한산성을 연결하는 한강방어선을 지켰다.

이제 병자년에 이르러 유림은 세 번째로 평안병사에 임명되어 이곳 안주성으로 들어왔으나 정묘년의 피해가 아물지 않아 군과 민이 피로하고 안정이 되어있지 않았다. 그러나 병사와 백성들의 신임이 두터워 유림은 부임한 이래 군사를 조련함과 동시에 성첩을 증설하고 해자를 준설하였으며, 토장을 쌓고, 토장 안팎에 구덩이를 파서 적의 병사와 말이 접근하지 못하도록 했다. 특히 망가진 병기를 수선하고 조정으로부터 우선적으로 지원을 받아 조총과 각종 화포를 구비하고 있었다.[11]

---

11) 승정원일기 인조 14년(1636) 4월 23일, 24일과 27일 세 차례에 걸쳐 조총, 완구(碗口)와 대조총(大鳥銃) 등, 총포 공급에 관한 기록이 보인다.
4월 23일 기록 :
민응형이 훈련도감의 말로 아뢰기를,
『정묘년(1627, 인조5) 이후 도감에서 관서(關西)로 들여보낸 총이 1440여 병인데, 그 가운데 안주로 보낸 것이 신미년(1631)에 300병, 병자년(1636)에 300병이고 계유년(1633) 원수(元帥)의 행차에도 100병을 보냈습니다.』
4월 24일 기록 :
이경여가 훈련도감의 말로 아뢰기를,
『평안병사 유림(柳琳)의 장계로 인하여… 〈중략〉 신들도 안주(安州)의 성민(城民)이 비로소 포수(砲手)가 된 것을 기뻐하여 힘껏 도와주고 싶지만 도감에 예전에 저장해 둔 총(銃)은 의주(義州)와 안주 두 곳에 보낸 400자루 이외에 원수(元帥)의 행차에도 400자루를 보냈고 도감에서 서변에 부방하는 군병에게 바꾸어 준 총이 또 300여 자루에 이르므로 이로 인하여 예전에 저장해 둔 것이 바닥났습니다. 〈중략〉 지난해 만들던 것이 900여 자루인데 아직 완제품을 이루지 못하여 부득이 이처럼 복계한 것이고 털끝만큼도 아끼려는 뜻이 있는 것은 아닙니다. 지금 전교를 받들어 보니 실로 걱정스럽습니다. 200자루는 모쪼록 수량을 채워 우선 내려 보내고 200자루는 밤낮없이 독촉하여 만들어 뒤따라 들여보내서 다

이렇게 1만 2,500명에 이르는 잘 훈련된 당시로써는 조선 최강의 서북 병사들과 그 밖의 관민을 합쳐 4~5만여 명에 이르는 안주성 사람들은 평안병사 유림의 지휘하에 숨을 죽이고 적을 기다리고 있었다.

심히 안타까운 점은 만일 이곳에서 일전을 벌였다면, 중과부적으로 안주성은 함락되어 정묘년에 이어 또다시 성 전체의 군과 민이 도륙을 당하는 참극을 입었겠지만, 청 태종도 본진의 군 절반 정도를 잃고 돌아가야만 했었을 것이다.

음 달 안으로는 도착하게 할 계획입니다.』
4월 27일 기록 :
김상이 훈련도감의 말로 아뢰기를,
　『평안병사 유림(柳琳)이 계청(啓請)한 조총은 금방 완제품을 만들었으니 연속하여 내려 보낼 생각입니다. 새로 만든 완구(碗口) 1병(柄)은 유림이 가지고 갔으니 이미 그대로 만들었을 것으로 생각됩니다. 그리고 도감이 만든 대조총(大鳥銃)은 만국(蠻國) 조총의 제도 - 원문 빠짐 - 사용되는 약환(藥丸)은 각 1냥(兩)인데 명중률(命中率)은 조총과 - 원문 빠짐 - 없고 연달아 견고한 것을 격파하는 것은 대포(大砲)와 같은 점이 있으니 이 제도가 매우 좋습니다. 이번에 먼저 조총 200병을 보내고 - 원문 빠짐 - 10병도 내려 보내서 이 모양대로 만들도록 하는 것이 마땅하겠습니다.』

청군의 이동상황

12월 22일 청의 본진은 선천을 지나다.
　　　　　다라안평패륵 두도의 후속 치중부대도 같은 날 선천을 출발.
12월 24일 남한산성이 포위되었다는 사실을 두도에게 알리다.[12]

12월 25일 청 태종은 얼어붙은 임진강을 건너 26일 서울 근교에 주둔하고 27일에는 한강을 건너 남한산성의 서쪽에 주둔하여 포위망을 강화했다.
1월 4일　두도의 일부 화포를 싣고 남한산성에 도착.
1월 7일　홍의포, 장군포, 화약, 중기 임진강 도하.
1월 10일　두도의 후속 치중부대 전체가 남한산성에 도착.

---

12) 병자년 12월 3일과 7일에 각각 나누어 보낸 4,300명의 선발대가 12월 24일 남한산성 일부를 포위하고 있었던 것으로 판단된다.

남한산성 부근 근왕병 전투상황

12월 24일 도체찰사 김류의 지시에 따른 남한산성의 400 결사대가 석옹과라파도로노살의 철기병에 대패.

12월 25일 충청병사 이의배 5,000 쌍령13)으로 이동중 고산패자 석탁의 철기병에 대패

12월 26일 원주목사 이중길 검단산14) 전투에서 패.

12월 27일 충청감사 정세규 18,000 험천15)에서 고산패자 석탁, 니감의 철기병 1,000에 패몰

12월 29일 도체찰사 김류의 지시로 또다시 산성의 북문 밖에 나가 진을 치고 있던 군대가 날이 어두워 성안으로 철수하던 중 적의 공격을 받고 대패.

1월 3일 경상좌병사 허완, 경상우병사 민영 휘하 40,000명 광주의 쌍령에서 적 기병 300에게 좌우 양진이 격파되며 무참히 패배.

1월 7일 전라병사 김준룡의 광교산16)전투.

---

13) 쌍령 : 경기도 광주시 초월읍 지역으로 남한산성에서 동남쪽으로 직선거리로 약 12km 떨어진 지점.

14) 검단산 : 경기도 하남시에 위치하며 남한산성에서 북동쪽으로 약 7km 떨어진 지점.

15) 험천 : 또는 탄천, 숯내라고 불리는 한강의 지류로 경기도 성남시 분당구 낙생면 인근의 하천으로 남한산성에서 남서쪽으로 직선거리로 약 10km 떨어진 지점.

79

남한산성 인근 근왕군 전투지역 (지도 출처: 네이버 위성지도)

---

16) 광교산 : 경기도 용인 수지구 지역으로 남한산성에서 남서쪽으로 직선거리로 약 15km 떨어진 지점.

양서지역 근왕군 전투상황

12월 하순 다이곤과 호격의 철기병의 급습으로 전평에서 부원수 신경원은 생포되고 수하 1,000명 모두 전사.(청실록)

1월 5일 다이곤과 호격의 수하 매륵장경 살목십객 등이 2,800의 철기병으로 도원수 김자점과 황해병사 이석달의 근왕군 15,000명을 쫓아가 토산에서 기습 격파. 해서(海西)군사가 섬멸되고 도원수 김자점은 간신히 살아남아 양근현(양평) 미원으로 퇴각.(연려실기술)

1월 28일 평안감사 홍명구와 평안병사 유림의 8,000군이 김화의 백전에서 만몽연합팔기병 3,700명을 대파.

병자호란 청군 침입로 및 양서지역 근왕군 주요 전투지역 : 전평, 토산, 김화

멀고 먼 근왕의 길

병자호란이 발발하고 근왕을 하달하는 기록이 인조 14년 12월 16일 처음으로 등장한다.

근왕(勤王)은 임금을 위해 충성을 다하는 것이다. 다시 말해 빨리 남한산성으로 몰려와 산성에 외롭게 고립된 임금을 구하라는 명령이다.

앞서 인조 14년 12월 14일 인조는 강화도로 파천을 결정하고 대가(臺駕 : 임금이 타는 가마)가 숭례문(崇禮門)에 도착했을 때 적이 이미 양철평(良鐵坪)[17]까지 왔다는 소식을 접했다. 이에 인조는 남대문 문루(樓)에 올라가 신경진(申景禛)에게 문밖에 진을 치도록 명하고 돌아와 수구문(水口門)[18]을 통해 남한산성(南漢山城)으로 향했다. 창졸간에 일어난 일이라 왕의 측근 시신(侍臣) 중에도 도보로 따르는 자도 있었으며, 성 안 백성은 부자·형제·부부가 서로 흩어져 그들의 통곡 소

---

17) 불광역 2번 출구 건너편에 양천리라고 쓴 이정표가 있음. 서북으로 의주까지 천리, 동남쪽으로 부산 동래까지 천리라고 해서 양철평(兩鐵坪), 또는 양천리(兩千里)라 함.

18) 서울 중구 광희동에 있는 조선의 4개의 소문(小門) 중 하나인 남소문(南小門)으로 광희문(光熙門), 이라고도 부르며, 서울 도성의 시체를 내보내는 문이라는 뜻에서 시구문(屍軀門 또는 屍口門)이라고 한다.

리가 하늘을 뒤흔들었고, 그날 밤 10시경에 대가가 겨우 남한산성에 도착하였다.

  이런 난리를 치르고 산성에 입성한 지 사흘날 12월 16일 서둘러 납서(蠟書)를 각 도에 보내 군사를 부르고 도원수와 부원수에게 달려와 구원하게 했다.

  이렇게 근왕을 알리는 납서는 비교적 빠르게 산성을 떠났으나 남한산성을 포위하고 있던 청의 선발대 4,300명도 기민하게 움직이고 있었다. 12월 17일 청군은 하삼도에서 근왕병이 올라오는 길목을 차단하기 위해 병력 대부분이 판교(板橋)로 이동하고 있었다.[19]

  남한산성이 포위된 지 엿새째 되는 12월 19일에는 다시 한 번 근왕을 재촉하는 납서를 보낸다. 이렇게 근왕을 재촉하며 군신 상하가 고립된 성에 의지하며 위태롭게 버티던 중, 12월 21일에 처음으로 충청도 원병이 헌릉(獻陵) 안에 도착하여 화전(火箭)으로 서로 응하였다.

  또 산성이 포위된 지 십여 일만에 충청병사(忠淸兵使) 이의배(李義培)가 죽산(竹山)[20]까지 밀고 올라와 둔진하고 있다는 소식에 성안은 잠시 사기가 올랐으나 주둔한 채로 머뭇거리

---

19) 조선왕조실록 인조 14년 12월 17일자 기록.
20) 경기도 안성의 옛 지명

며 전진하지 않으니 모두 실망하고 통분하게 되었다. 이에 조정은 충청병사 이의배에게 진군할 것을 강력히 주문하는 명령을 하달하자 12월 25일 병사 이의배는 5,000의 근왕군을 이끌고 쌍령으로 이동 중 고산패자 석탁의 철기병에 대패하였다. 그 후 이의배는 1,000여 명의 잔여 병력을 수습해 1월 3일 쌍령전투에서 경상우병사 민영의 군과 합세하여 분전했으나 장렬히 전사하였다.

12월 26일 강원도 영장(營將) 권정길(權井吉)이 선봉으로 1,000여 명의 병사를 거느리고 검단산(儉丹山)에 도착하여 횃불로 상응하였으나 하산하는 길에 적의 습격을 받고 원주목사 이중길이 이끌던 4,000여 병사와 함께 패몰하였다.

바로 그다음 날 27일 충청감사(忠淸監司) 정세규(鄭世規)가 18,000의 병사를 거느리고 험천(險川)에 도착한 뒤 산의 형세를 이용해서 진을 쳤다가 고산패자 석탁, 니감의 철기병 1,000여 명의 습격을 받아 전군이 패몰했는데, 세규는 간신히 빠져나와 목숨을 건졌다.

이렇게 충청도와 강원도에서 올라온 조선의 근왕병은 12월 25일을 시작으로 26일, 27일에 걸쳐 남한산성에서 반경 10~

15km 되는 지척의 거리에서 내리 세 번을 싸웠으나 모두 참담한 패배를 당했다.

해가 바뀌고 정축년(1637) 1월 3일에는 경상좌병사 허완(許完)과 경상우병사 민영(閔栐) 휘하의 40,000 병사가[21] 광주의

---

21) 40,000이라는 숫자에 대해 과장되게 부풀려져 있다는 많은 의혹이 따른다. 쌍령전투에 투입한 조선군 병력은 연려실기술과 병자일기에 4만, 경상감사 심연(沈演)의 비문과 하담파적록에 3만, 허완의 신도비명에 1만, 조선왕조실록 민영의 장계에는 8천, 병자호란사에도 8천, 강동영장 선세경의 행장에는 수천으로 제 각각 기록되어 있다. 필자가 판단하기에 근왕군 4만과 3만은 당시 경상도 근왕을 총괄하는 경상감사 심연이 동원하고자 목표로 삼은 숫자이고, 8천은 경상좌, 우병사에게 우선 급한대로 모병해서 출병시키라고 명령한 숫자이며, 결론적으로 경상감사가 종사관으로 삼은 평안서윤 도경유(都慶兪)가 민영의 군관 박충겸(朴忠謙)을 참하며 좌, 우병사에게 진군할 것을 독촉하여 쫓기듯 선발대로 인솔한 병력은 1만 명 내외일 것으로 판단한다. 한편 청나라 300 기병의 주장은 이미 다른 전투에서도 나타난 바와 같이 조선군을 맞아 초전에 탐색전을 펼치는 과정에서 20~30명 단위의 소규모 병력으로 조선군의 시선을 끌다가 허점이 드러나는 순간에 기병이 빠르게 조선군의 방어용 목책 안으로 뛰어들며 조선군을 와해시키는 방법으로 운용되는 다음 단계의 전형적인 청군의 숫자로 판단된다.

여하튼 쌍령전투에서 경상좌병사 허완, 우병사 민영과 충청병사 이의배, 안동영장 선세강(宣世綱)과 상주영장 윤여임(尹汝任), 즉 3병사(兵使)와 2영장(營將)이 함께 전몰했을 정도로 치열한 전투였다. 이렇게 남한산성을 중심으로 반경 20~30리 내의 들과 산천에는 군민을 합쳐 수만에 달하는 시체가 쌓여 손을 쓸 수가 없었다. 전쟁은 1월 30일에 종료되었으나 3개월 여가 지나는 그해 4월 7일자 실록에 예조의 건의를 받아 관원을 동원해서 쌍령과 험천에 쌓인 시체를 거두어 묻게 한다.

쌍령전투에서 경상도 좌, 우병사를 독전한 경상감사 심연과 종사관 도경유에 대한 기록을 보면 나라가 위난에 빠졌을 때 어김없이 백성들을 어육으로 내모는 그들의 행태에 허탈하고 안타깝고 실망을 금할 수 없다.

당시에 사람들은 좌,우병사를 독전한 서윤 도경유가 지나치게 진군을 독촉해서 쌍령의 패배는 모두 그로부터 원인이 되었다고 했다. 또한 도경유는 접전이 시작되자 먼저 도주하여 전군이 놀라 무너지게 했으며, 그 죄로 평해군으로 귀양가는 도중 살해되었다. 한편 감사 심연은 쌍령전투가 패배했다는 소식을 듣

쌍령에서 적 기병 300에게 좌우 양진이 격파되며 무참히 패배했다. 이 쌍령전투는 양군의 군사를 대비해 볼 때 적 300명이 조선의 근왕군 40,000명을 괴멸시킨 너무도 어이없는 참담한 패배였다. 이어서 1월 7일에는 전라병사 김준룡이 광교산전투에서 한나절 동안 비교적 잘 싸웠으나 후속 조치 없이 뿔뿔이 퇴각해서 하삼도 근왕군의 활동에 종지부를 찍게 되었다.

  필자는 여기에 연려실기록과 청 태종실록에 나와 있는 쌍령전투와 광교산전투의 상황을 그대로 인용하여 당시 전투상황을 살펴볼 수 있도록 하였다.

고 조령으로 도망을 갔으며, 이로 인해 후에 임피(臨陂)로 귀양을 갔다. 이런 점에서 김화백전전투에서 장렬하게 전사한 평안감사 홍명구의 죽음은 당시 모든 이의 귀감이 되고도 남음이 있었다.

연려실기술 쌍령전투

 경상병사 허완(許完)은 늙고 겁이 많아 사람을 대하면 눈물을 흘리니 사람들은 그가 반드시 패할 것을 알았다. 허완이 우병사 민영(閔栐)과 군사 40,000을 합하여 고개를 넘어가는데 척후병을 파견하지 아니하여 적의 사정을 알 수가 없었다. 광주 쌍령에 이르러 민영은 오른편 산등성이에 허완은 왼편 낮은 곳에 각각 진을 쳤다. 허완은 정예한 포수를 뽑아 모두 가운데 두어 자기의 주위를 굳게 호위하게 하고 숙련되지 않은 포수는 외면에 배치하여 한 사람에게 다만 화약 2냥씩만 나눠 주었다. 초관 이택이 정포천총 이기영에게 말하기를 외면이 지탱하지 못하면 중심부만 홀로 지킬 수 있겠는가 하였는데, 허완이 듣고 1등 포수가 많지 않은 까닭이라고 했다. 1월 3일 이른 아침에 적의 선봉 33명이 목방패를 가지고 남산의 정상에서 고기떼와 같이 행진해오는 것을 보고 아군이 맞이하여 한바탕 쏘아서 적병의 용감한 자가 탄환에 맞아죽고 탔던 말이 뛰어서 진중에 들어가니 적이 두려워하며 감히 핍박하지 못했다. 그러나 포수들이 계속해서 함부로 총을 쏘아 화약이 이미 다하여 포수들은 화약을 더 보내라 소리치고 또 정포수를 더 보내라고 청하였다. 적이 이 말을 알아듣고 다시 독전하여 앞으로 나와 목책에 다가왔다. 안동영장 선약해[22]가 홀로 적의 칼날을 당하여 화살 30여 발을 쏘았으나 모두 방패에 맞았고 화살은 이미 다하니 그냥 자리에 버티고 서서 한 걸음도 옮기지 않고 적의 화살에 맞아 죽었다. 적병이 목책 안으로 돌입하니 중견포수는 총 한 발도 발사하지 못하고 저절로 전멸하였다. 허완이 황겁히 말에 오르려 했으나 실패하여 세 번을 부축하여 태웠으나 문득 떨어져 밟혀 죽었다.[23] 군졸이 붕괴하여 쓰러진 시체가 목책에 가지런히 쌓여 있었는데 적병이 칼과 창으로 함부로 찍었다. 또 오른쪽 진영으로 다가오므로 민영이 전열을 정비하고 기다리다가 탄환을 일제히 발사하니 적이 포환에 맞는 대로 쓰러져 죽었다. 적이 감히 핍박하지 못함으로 승전할 기세가 있었는데 화약을 다만 두 냥씩 준 까닭에 다시 화약을 나누어 주려고 서두르다가 화승이 화약에 떨어져 폭발하는 바람에 감분수령 두 사람과 군병이 타 죽고 진중이 크게 흔들렸다. 적이 이때를 틈타 총 돌격함으로 드디어 전군이 전멸되고 민영도 죽었다. 적이 양진을 다 깨뜨리어 죽은 자의 옷을 벗기고 불을 놓

---

22) 선세강의 오기인 듯. 당시 안동영장은 선약해(宣若海)가 아니고 선세강(宣世綱)이었다.

23) 허완의 죽음에 대한 다른 기록에서는 스스로 말에서 내려 칼로 자결한 것으로 나온다.

아 태우고 갔다. 처음에 선약해가 남산 위로 진을 옮기기를 세 번이나 청하였으나 허완이 끝내 듣지 않아 드디어 적 300여 기병에 좌우 양진의 군대 40,000이 격파되었다.

청태종실록 광교산전투[24]

　청 태종이 화석예친왕 다탁과 초품공액부 양고리로 하여금 군사를 거느리고 가서 기회를 보아 접전하라고 지시하여 이들이 광교산에 도착하니 눈이 내려 앞이 흐리고 어두워 조선군의 진영이 보이지 않았다. 마침내 군사를 풀어 추격하여 광교산 아래 포진한 조선 군사를 무찌른 뒤 산꼭대기의 군영에 이르렀다. 다탁이 각성을 울려 군사를 집합시키고 양고리를 불러 산에 올라 독전케 했다. 그런데 마침 조선군 패졸이 석굴에 엎드려 있다가 몰래 조총으로 양고리를 쏘아 상처가 깊어 죽으니 이때 나이 66세였다. 양고리는 그동안 여러 번 전쟁에 참가할 때마다 솔선하여 적을 격파하여 크게 기훈을 세워 국가에 선력한 바가 많았다.

---

24) 청태종문황제실록 정월 정미 7일자
丁未朝鮮全羅忠清兩道巡撫總兵合兵來援立營於南漢山城
上聞之遣和碩豫親王多鐸超品公額駙楊古利率兵相機迎戰多。鐸楊古利等奉命往視値天雪陰晦。不見敵營遂縱兵進擊敗其山下列陣兵追至山頂敵營多鐸鳴角集兵招楊古利登山督戰楊古利往會適有一朝鮮敗卒伏於石窟暗以鳥鎗擊中楊古利創重而卒時年六十有六楊古利凡在行間率先破敵克建奇勳於國家宣力為多云
戊申和碩豫親王多鐸率軍進擊朝鮮兵時敵已棄馬夜遁營內虛無人獲馬千一百有四十是日舁楊古利屍至

이어 8일 자에는 화석예친왕 다탁이 군사를 거느리고 조선병을 진격하니 그때 조선군은 이미 말을 버리고 밤에 도망하여 영내에는 한 사람도 없었다. 말 1,140필을 획득하였고 이 날 양고리의 시신을 들것에 실어왔다.

연려실기술 광교산전투

　전라병사 김준룡이 날래고 용맹스러운 군사를 뽑아서 방진을 만들어 사면이 모두 밖을 향하게 하고 군량을 그 방진의 한가운데 두어 적병을 만나면 장차 싸울 태세를 갖추었다. 광교산에 진출하여 자리 잡은 진지는 남한산성까지 한숨에 달려갈 수 있을 정도의 가까운 거리였다. 따라서 적병과 접전하여 여러 차례 이겼으며 밤에는 횃불을 들고 헛총을 놓아 남한산성에 들리게 하였다. 적병이 계속 침투하였으나 우리 군사에게 패하여 사상자가 많았고 적장 양고리도 또한 죽었다. 하루는 수많은 적병이 산과 들로 몰려와 우리의 진영을 침범하고 호준포를 연달아 발사하였다. 화살과 돌이 비 오듯 쏟아졌으나 우리 군사의 대오가 흐트러지지 않았는데 오후 2시 경에 적병이 산 후면을 엄습하여 광양현감 최택이 놀라 무너져 김준룡이 급히 군사를 독려하여 힘껏 싸웠다. 날이 저물자 적병이 징을 쳐 병졸을 거두며 말하기를 내일을 기하여 결전하자 하였다. 김준룡이 모든 장수에게 화살이 다되고 양식이 떨어지게 되었으니 내일 다시 싸우면 반드시 위험할 것이다. 하고 곧 말을 타고 나가 수원으로 가버리니 군사들이 모두 흩어져 달아났다.

양서지역 근왕군 상황

양서란 평안도와 황해도를 말한다.

이 양서지역에서 가장 중요한 방어거점은 안주성, 평양성 그리고 황주의 정방산성이다. 병자호란 당시 청군은 애초에 산성에 의지해 방어하려는 조선군을 공략하지 않고 빠른 기병으로 서울을 향해 직공하였기 때문에 서북의 병사들은 남쪽지역의 하삼도 군사들보다 뒤늦게 근왕하게 된다.

12월 하순 영변부 철옹산성을 지키던 부원수 신경원이 인조가 남한산성에 포위되었다는 소식에 근왕병을 이끌고 양덕을 통과해 전평에 이르렀을 때 다이곤과 호격의 철기병의 급습으로 부원수 신경원은 생포되고 수하 1,000명 모두 전사했다.

1월 5일 다이곤 호격의 수하 매륵장경 살목십객 등이 6,000의 철기병으로 도원수 김자점과 황해병사 이석달의 근왕군 15,000명을 쫓아가 토산에서 기습해, 해서(海西)의 군사가 섬멸 되고 도원수 김자점은 간신히 살아남아 양근현[25] 미원으로 퇴각하게 되었다.

---

[25] 현재 양평군 양근리

여기서 당시 병자호란에 대비해 방어전략을 총괄하던 양서도원수 김자점의 토산전투를 자세히 살펴보자.

토산(兎山)전투

　병자호란에서 가장 막중한 지휘 책임을 맡은 이는 당시 양서도원수 김자점이었다. 양서지역에서 평안도의 평양성과 안주성, 그리고 황해도의 정방산성이 청군의 진격을 가로막을 가장 중요한 거점으로 정하고 도원수 김자점은 황주의 정방산성에 지휘부를 두고 청나라의 침략에 대비해서 조선군의 모든 전략과 전술을 총괄하는 사령관의 책무를 지고 있었다.

　청군의 기병으로 조직된 선발대가 바람처럼 빠르게 지나가고, 12월 말 청 태종이 거느린 본진의 선봉이 동선령을 넘어올 때 그 길목에 조선군 조총병을 매복시켜 상당한 전과를 올리기도 했으나 다음날 정작 본진이 물밀 듯이 밀고 들어오자 속수무책으로 지켜만 보게 되었다.

　곧이어 남한산성에 포위된 인조로부터 근왕하라는 명령을 받고 이에 양서도원수 김자점은 수하에 있던 황해병사 이석달, 곡산군수 이위국, 광음현감 변사기, 별장 이완, 재령군수 최택선과 자신이 도원수로 부임할 때 인조로부터 넘겨받은 어영청 군사 5천[26]을 합해 만여 명에 이르는 근왕병을 구성

---

26) 인조실록 28권, 인조 11년 2월 16일 무인 2번째 기사

해서 12월 말 출성해 서흥, 신계를 거쳐 1월 4일 토산에 도착 읍내 관아에 주둔하고 있었다.

한편 청군의 본진에 뒤이어 정방산성에 도착한 구왕 도르곤은 조선군 포로를 통해 도원수의 근왕군이 3일 전에 정방산성을 출발했다는 첩보를 입수해서 휘하의 매륵장경 살목십객(삼시카)에게 철기 2천8백을 거느리고 추격하게 했다.

이렇게 1월 3일 밤에 시작된 추격은 다음 날까지 종일 쉬지 않고 달려가 드디어 5일 새벽 토산 읍에 머물고 있던 도원수의 군을 갑자기 덮쳤다. 척후도 없이 토산에 머물고 있던 해서(海西)의 군사 6~7천 명은 졸지에 갑작스럽게 청군의 공격을 받고 산산이 흩어져 산발적인 전투를 벌이는 도중 거의 섬멸되었으며, 이 전투에서 재령군수 최택선이 전사하고 도원수 김자점은 당시 조선 최강이라 일컫는 어영군 소속 포수들의 엄호를 받으며 간신히 토산의 북쪽 산으로 도주하여 이튿날 포천의 광릉을 거쳐 양근현 미원으로 퇴각하게 된다. 미원에 도착했을 당시 수습한 패잔병의 규모는 어영병 700인

도원수 김자점(金自點)이 아뢰기를,
『신이 지금 서도로 내려가는데 수하의 군사가 없어서는 안 되겠습니다. 어영군(御營軍) 절반과 기마병 중 정예한 자를 대동하고 갔으면 합니다. 또 신이 양서에 비축해 둔 화약·조총·궁시·갑주 등의 물건을 충분히 쓰게 해 주소서.』 하니, 상이 허락하였다. (어영군 절반이 5천을 의미함)

에 황해의 병사 800인을 합해 도합 1,500인에 불과했다고 기록되어 있다.

이 전투는 병자호란의 전체의 승패를 가늠할 수 있는 척도가 되기 때문에 비교적 자세히 해설한다. 왜냐하면 양서도원수라는 직위는 오늘날로 치면 야전군을 지휘하는 총사령관에 해당한다. 게다가 인조반정의 성공으로 정사공신(靖社功臣) 1등에 훈록된 김자점 개인이 지니고 있는 위상과 양서도원수라는 직함으로 인조로부터 직접 인수 받은 어영병 포수 5천, 그리고 황해병사 이석달이 이끄는 만여 명 군병이 가세하게 되어, 해서(海西)의 군사는 당시로써는 조선 최강의 군대라고 볼 수 있었다. 이런 군대가 제대로 된 전투를 치러보기도 전에 와해되어 뿔뿔이 흩어지고 괴멸되어 겨우 천여 명이 목숨을 부지해 양근으로 물러나 농성하고 있다는 사실은 그 후에 일어나는 크고 작은 전투를 비롯해 병자호란의 참혹한 결과를 예측해볼 수 있게 해준 사건이기도 하다.

이렇게 남한산성 주변으로 진출했던 강원, 충청, 전라, 경상도의 근왕병들이 모두 패하자 이제 믿을 곳은 평안도와 함경도의 군사였다. 이때 삼남의 군사를 제외한 경기, 강원, 황해도의 패잔병들은 모두 서울에서 동쪽으로 100여 리 떨어진 경기도 양근군 미원으로 몰려들었다.

 12월 말에 유도대장 심기원이 서울을 빼앗기고 광릉을 거쳐 미원에 유진하고 있었으며 12월 30일에 제도원수에 임명되었다. 그러고 나서 1월 7일 경 토산에서 참패한 양서도원수 김자점이 또한 광릉을 거쳐 미원으로 흘러들었다. 이런 첩보를 받았기 때문인지는 정확하지 않으나 1월 15일 미원에는 당시 함경감사 민성휘, 북병사 이항, 남병사 서우신의 군사 23,000여 명까지 합세하여 수만 명의 군사가 운집하고 있었다고 한다.

 여기서 도원수 김자점과 제도원수 심기원의 군사가 남한산성에서 가까운 양근에 주둔하고 있으면서 인조가 산성에서 출성해 항복할 때까지 왜 아무런 시도도 하지 못하고 농성만 하고 있었는지에 대해서 알아볼 필요가 있다.

 청의 태종이 12월 26일 서울에 도착해서 다음 날 남한산성으로 향하기 전에 고산액진 담태(譚泰)로 하여금 서울 도성에 유진토록 했다. 이때 서울에는 유도대장 심기원이 지키고 있었다. 그런데 이때 심기원이 12월 29일에 경성에 주둔한 적은 대략 5~6백여 명이고 아군은 겨우 270명이었는데 다행히 화공으로 승리하여 전투 후에 흩어진 포수를 불러 모아 이정길을 영장으로 삼았다는 보고를 납서로 포위된 남한산성에

보냈다.27)

그러나 이 터무니없이 과장된 보고로 남한산성 안에서는 한순간 사기가 꽤 올라가고 이 때문에 12월 30일 도체찰사 김류가 심기원을 제도의 원수로 삼아 사방의 근왕병을 거느리게 하는 것이 마땅하다고 아뢰자 인조는 유도대장 심기원을 강원도와 충청, 전라, 경상도까지 총괄하는 일약 제도원수(諸道元帥)로 임명한 것이다.

이런 과정을 통해 남한산성에서 가까운 양근군 미원에 패전한 양서도원수 김자점과 4도를 총괄하는 제도원수 심기원이 모이게 되었는데, 여기서 두 사람 간의 위계에 미묘한 문제가 생겼다. 개전 초에는 양서도원수가 청나라의 침략을 막는 총사령관의 역할을 맡았으나 토산전투에서 크게 패전 후 지금 심기원은 4도를 총괄하는 제도원수가 되어 나타났으니 두 원수 간에 미묘한 위계 문제로 군 통솔에 입장의 차이를 보이면서 서로 견제만 하며 시간을 보내고 있었다. 안타깝게도 당시 양근에는 3만이 넘는 병사들이 2명의 도원수 아래에 있었으나 도원수와 제도원수 사이에 미묘한 갈등과 청군과의 전투에서 참패한 악몽으로 해서 조선의 근왕병은 꼼짝도 못하고 있었다.

---

27) 조선왕조실록 인조 14년 12월 19일 기록

전설의 김화전투

이때쯤 해서 평양성을 비우고 자모산성에서 수성하고 있던 감사 홍명구는 먼저 군사를 움직여 평양 인근의 강동으로 이동하였고,[28] 안주성을 방수하던 병사 유림은 영변부사 이준을 불러 안주병영을 지키게 한 뒤 군사 5,000을 이끌고 홍명구의 3,000의 군사와 강동에서 회합한다. 이렇게 평안감사 홍명구와 병사 유림의 8,000군은 강동을 출발해서 신계를 거쳐 1월 26일 김화에 도착하였다.

전선의 형성

평안도 근왕병이 김화에 도착할 무렵에 청나라의 만주.몽고팔기병 또한 김화 방면으로 진출하고 있었다. 이는 청군 진영에서는 1월 22일 화석예친왕 다이곤이 강화도를 함락시키자 더 이상 많은 군사를 남한산성에 둘 필요가 없게 되어있었다.

---

28) 원래 평양성은 감사 홍명구가 1만여의 병력으로 성을 사수하게 되어있었으나, 홍명구는 평양성을 포기하고 자모산성으로 들어갔다.

1637년 1월 23일에 청 태종은 외번 과이심(코르친), 찰노특(자루트), 오한(아오칸), 나만(나이만)의 여러 부족의 병력을 보내 함경도로 나가서 와이객(와르카)을 정벌하게 하였다.

　명령을 내려 몽고 아문승정 니감, 갑라장경(잘안장긴) 계사합, 우록장경(니루장긴) 섭극서에게 매 기마다 갑사 10인을 인솔하고 나아가게 하였다.

　이때 청군의 규모는 몽고아문승정 니감에게 만주팔기병 100명과 외번 몽고 109 부족 3,600명 모두 3,700이었다고 청 태종 실록은 기록하고 있다.

　이렇게 청 태종 본군 소속의 몽고아문승정 고산패자 니감과 갑라장경 계사합은 휘하의 군사를 동원하여 함경도로 출발하게 되었고 그들이 김화현에서 평안도 근왕병과 마주치게 되면서 자연스럽게 전선이 형성되었다.

　1월 26일 김화현에 먼저 도착한 평안도 근왕병은 청의 대군이 김화현 가까이 몰려들고 있다는 첩보에 더 이상 전진할 수가 없었다. 대적을 앞에 두고 평양감사 홍명구와 병사 유림 및 참모들은 진지를 선정하는데 상당한 논란이 있었다. 김화 관아의 뒤쪽에 성재산이 병풍처럼 둘러싸고 있는데 그곳에 현북산성이라는 고성이 있었다. 둘레가 약 1,500척이고 높이가 4척으로 돌로 쌓은 산성이었다. 병사 유림은 당시 청나라 군사들의 전략과 철기병을 보유하고 있는 전술을 감안한다면 관아의 뒤쪽 성재산의 고성에 의지해 포진하는 것이 가장 상책이라고 주장했다. 그러나 감사 홍명구가 김화현의 관아를 등지고 서남쪽의 탑곡이라는 낮은 구릉 지대에 먼저 방어진지를 구축하는 바람에 자연히 병사 유림은 감사의 좌편에 진을 치게 되었는데 이곳은 관아에서 동남방 1리(400m) 지점인 백수봉에 포진하게 된다. 이렇게 해서 형세상으로는 김화현 관아를 뒤편에 두고 사수하는 모양새를 이루며 좌우로 진을 치게 되었다. 이 백수봉(栢樹峯)의 유래는 전 현감 장렴의 아버지로 강릉부사를 지낸 장사준이 벼슬을 끝내고 고향에 돌아와 나무 심기를 즐겨하며 이곳에 잣나무 수천 그루를 심었는데, 그것이 무성해져 잣나무 숲을 이루었기 때문에 붙여진 이름이라고 하며 사람들은 백전(栢田)이라고도 불렀다.

평안도 근왕병이 김화에 입성한 것이 1월 26이라고 했다.
이렇게 진지 선정 문제로 감사와 병사 간에 의견 충돌로 옥신각신하고 급기야 41세의 젊은 문관출신 평안감사가 전쟁에서 산전수전을 겪은 56세의 노장 평안병사를 향해 명령에 따르라고 윽박지르는 지경에 이르렀다.
그런 우여곡절 중에 관아의 창고를 열어 군량을 댈 수 있는가를 점검하고, 군이 머무르는 장소에 정천(井泉)이 있는 것을 확인하며, 두 부대가 각각 전방으로부터 진격해 올 적의 예봉을 막기 위해 목책을 설치했으니 진지 구축은 대부분 27일 하루 사이에 이루어졌다고 볼 수 있다. 이때 두 진영 간의 거리는 수백 보라기도 하고 어떤 이는 10무(武;길이의 단위로 1자)도 채 안 된다고 했다. 기록에는 평안감사가 3,000의 군을 인솔했다고 하나 여러 자료를 감안하면 많게 잡아야 고작 2,000의 병력이었다. 감사가 낮은 구릉지역에 펼친 자신의 진영을 내려다보면서 진의 후방이 허술하다고 걱정해서 병사 유림은 전영장 구현준에게 병사 200명을 붙여 감사의 진영을 보강해 주었다.

병사 유림은 좌편 백전의 언덕에 진지를 구축했다.

그 언덕은 삼면이 깎아지르듯 경사가 급하고 한 면만 산에 연결되어 있으나 그것 역시 중간이 벌의 허리처럼 잘려져 있어 적의 접근이 어려운 지형이었다. 병사 유림은 백수봉의 잣나무를 베어 눕혀 서둘러 목책을 설치했다.

한편 만·몽팔기군은 김화현 현청 소재지에서 30여 리 서남쪽에 있는 토성리에 주둔해 있다가 1월 28일에 출동하여 피아간의 격전이 전개되었다.

김화백전전투 전황

김화에서의 전투상황은 당시 학자들의 문집에 다수 실려 있다.

김상헌의 청음집에 수록된 평안도관찰사남령군홍공신도비명, 이경석의 백헌집에 실린 감사 홍명구에 대한 정충비명, 박태순의 동계집에 실린 기김화전사실, 우암 송시열의 송자대전에 기록된 기김화전사실, 박태보의 정재집에 수록된 기김화백전지전, 그리고 남구만의 약천집에 실린 통제사유공신도비명이 있다.

이 중에서 김상헌의 청음집에 수록된 평안도관찰사남령군홍공신도비명과 남구만의 약천집에 실린 통제사유공신도비명은 앞에서 이미 읽었다. 같은 장소에서 같이 청군과 전투를 치렀으나 김상헌이 기록한 홍명구는 나라를 구하기 위해 장렬하게 전사한 충신열사의 면모를 극적으로 묘사한 반면, 병사 유림은 염치없는 졸장으로 기록했다. 필자는 김상헌에 의해 형편없이 저평가를 받아왔던 유림 장군의 후손으로 김화전에 대한 다른 기록들을 교차검증 해서 감사 홍명구신도비명의 내용 중 일방적이고 터무니없는 비방(誹謗)에 변답(辨答)하기 위해 〈사료1〉, 〈사료2〉, 그리고 〈사료3〉을 첨부한다.

【사료 1】 우암 송시열-김화전장의 사실 기록

　내가 계해년(1683, 숙종 9년) 3월에 성은을 입어 치사하고, 4월에 병든 누이동생을 보기 위해 16일 김화(金化)에 당도하였다. 그다음 날에는 홍 감사의 사당을 배알하고, 이어 전장(戰場)에 올라가서 당시의 일을 물었다. 하리(下吏) 10여 명 가운데 그 일을 아는 자가 없었는데, 다만 관노(官奴)인 유계홍(劉溪弘)이, 산곡 사이에 몸을 숨겨 당시 승패의 상황을 목격하였다고 스스로 말하였다. 그의 말은 다음과 같다.

　『정축년(1637, 인조 15) 정월 어느 날 평안도(平安道)의 감사와 병사(兵使) 두 군대가 읍내에 와서 묵었습니다. 어느 날 감사가 객사(客舍)의 서남쪽 산기슭에 진(陣)을 쳤는데 양진(兩陣)이 나란히 진을 치면서도 서로 연결하지는 않았습니다(相竝而不相連).

　어느 날 해가 막 뜰 때 적이 (아군) 앞에다 진을 치고, 부대를 숨겨 양진(兩陣)의 뒷산(後嶽)으로 올라갔으나, 양진은 그 사실을 전혀 모르고 오직 앞쪽만을 수비하였습니다. 드디어 적기(賊騎)가 크게 함성을 지르면서 충돌하여 내려오니, 한 부대는 우리 양진의 사이를 횡단하고, 한 부대는 우리 감사의 진을 곧바로 침범하였습니다. 흰 칼날이 번쩍거리며 잠깐 접전이 벌어진 끝에 아군(我軍)은 크게 패하였고 적은 아군을 뒤쫓아 가면서 창·칼로 마구 찍었는데 그러고 한참 만에 끝났습니다(食頃而盡).

 (유림) 병사(兵使)는 먼저 이미 측백나무를 꺾어 꽂아 목책(柵)을 만들었는데 그 목책 밖에 있는 전영(前營)은 이미 처음에 짓밟혔습니다. 감사의 남은 군대가 적과 서로 섞여서 목책 밖에 이르자, (유림) 병사는 포와 화살을 마구 발사해 적과 아군(홍명구의 패잔병)이 함께 섬멸되었습니다. 이때 해는 벌써 미시(未時)가 되었습니다.

 적이 또 병사의 진을 향해 돌진하여 곧장 목책 밖 10여 보(步) 거리에 도달하자, 병사의 진에서 수많은 포(砲)를 일제히 발사하니, 적은 일시에 비로 쓴 듯, 하나도 남김없이 섬멸되었습니다. 온종일 이렇게 싸워 적군의 사망자는 헤아릴 수도 없었습니다. 적은 마침내 패잔병을 수습하여 달아났는데, 그 수가 처음에 비교하면 10분의 1도 못 되었습니다.』

 대체로 듣건대, 홍공(洪公)은 자신이 서도(西道)의 책임을 맡고서도 적을 방어하지 못해 남한산성(南漢山城)이 포위를 당하게 되었다 하여 자신의 허물을 통분하게 여겨 필사(必死)의 계책을 도모하였다. 본현(本縣) 뒷산에 자못 험절(險絶)한 성(城)이 있으므로 어떤 이가 이곳에 진을 치고 적을 방어하라고 권하였다. 그러나 공(公)은 물이 없는 것을 칭탁하고 일부러 산기슭 낮은 곳에 진을 쳐서 그 뜻을 이루었으니, 충성스럽고도 장렬하다 이를 만하다.

내가 그 사우(祠宇)를 배알하자, 그 고을 선비 10여 명이 그 재(齋)를 지키면서,

『우리들은 공의 의(義)를 존모(尊慕)하여 항상 서로 교대하여 수직하고 감히 떠나지 못합니다.』

하기에, 나는 그들과 뜰에서 서로 읍하고 물러 나왔다. 때는 4월 17일이었다.

〈우암 송시열 송자대전 기김화전사실 원문〉

余於癸亥三月。蒙恩致仕。四月爲見病妹。十六日到金化。翌日往拜懶齋洪監司祠宇。仍上戰場。訪問當日事。下吏十餘輩無有知者。獨官奴劉戒弘自言竄身於山谷間。目見勝敗之狀云。丁丑正月日。平安監司兵使兩軍來宿於邑內。某日監司結陣於客舍西南之山麓。兩陣相竝而不相連。某日日初出。賊結陣於前。而潛師以登於兩陣之後嶽。兩陣不覺。而惟前是備。賊騎大呼衝突而下。一枝橫截兩陣之間。一枝直犯監司之陣。白刃閃鑠。揮攉須臾。而我軍大潰。賊追逐亂斫。食頃而盡。兵使先已斫倒柏樹以爲柵。其前營之在柵外者已躪於初。監司餘兵。與賊相雜。突至柵外。兵使之砲矢亂發。賊與我軍俱殲焉。時則日已未矣。賊又衝突兵使陣。直抵柵外十餘步。然後衆砲竝發。賊一時如掃。一無遺者。如是終日。賊死無數。遂收餘兵以去。其數視初至。未十之一云。蓋聞洪公以身爲西任。不能捍賊。以致南漢之圍。憤痛自罪。爲必死之計。本縣後嶽。有城頗絶險。或勸以據此禦敵。公託以無水。故陣於山角低卸處。以遂其志。可謂忠且壯矣。余拜其祠則邑士十許人守齋曰。吾等慕公義。常相替守直。不敢去矣。余與之相揖於庭而退。時四月十七日也。〈송자대전, 권136 기김화전장사실〉

【사료 2】 정재 박태보-김화 백전전투 기록

갑자년 숙종 10년(1684) 여름, 큰 가뭄이 들어 가을까지 계속되었다. 조정에서 사신을 파견하여 김화의 전쟁터에서 기우제를 지내게 하였는데 당시 이천 현감으로 있던 내가 감영의 공문을 받고 김화에 가서 기우제를 올리게 되었다. 이에 읍의 노인들에게 물어서 관노 계홍을 찾았고 당시의 전투상황을 물었다. 스스로 진술하기를 그는 나이가 75세로 25세 때의 일이라 했다. 병자년의 난을 당해 현감 이휘조를 따라 현의 남쪽 복두산 잠곡으로 들어가 병란을 피했다. 그때 홍 감사와 유 병사가 평안도에서 거병하여 함께 군사를 이끌고 국난에 임하였다. 토산을 거쳐 동쪽으로 진출하여 정축년 정월 26에 김화현에 이르렀다고 했다.

홍명구 평안감사의 군대는 원앙진으로 행군했고, 유림 평안병사의 군대는 그보다 많았는데, 원진으로 행군하고, 멈추어서는 방영을 만들었다. 양군이 현에 이르러 적과 만나 더 이상 전진하기 어려웠다. 현에 곡식에 쌓여 있어 머무를만하며, 남쪽에 높은 언덕(高崗)이 있고, 그 아래 우물과 샘이 있어 영을 만들 만했으므로 드디어 임시주둔지(壁)에 머물렀다. 홍 감사의 주둔지는 뒤에 산을 두고 언덕에 자리 잡았는데, 산에서 이어져 경사진 곳이었다. 유 병사의 주둔지는 동쪽 언덕(東崗)이었는데 이른바 백전(栢田)이란 곳으로 4면이 완전히 분리된 곳이었다. 양 주둔지 사이의 거리는 수백보인데, 나무와 목책으로 이어져 있었다. 이때 몽고군 중에서 남한산성에서 귀환하는 자들이 장차 함경도를 경유해 두만강을 건너 북쪽으로 가려다, 현에 이르러 멈췄다.

　유 병사가 급히 홍 감사에게 말하기를 "대적이 앞에 왔으니, 우리가 진을 합치지 않으며 장차 패할 것이다"라며 여러 번 강하게 권했으나, 홍 감사가 끝내 듣지 않았다. 18일(28일의 오기인 듯) 적이 노약자와 포로로 하여금 진영을 지키게 남겨두고, 3곳의 길로 부대를 출발시켰다. 첫 번째 진격로는 동쪽 산의 아래로, 또 하나의 진격로는 큰길을 따라 나란히 전진하고, 앞 들판에 이르러 양쪽 경로가 만나 서로 합류하는 듯 보였고, 또 하나의 진격로는 산 서쪽을 통해 급하게 홍 감사 진의 배후로 급하게 이동했다.

　홍 감사가 적이 앞에 오는 것을 보고, 그 뒤쪽은 미처 살피지 못했다. 산 서쪽의 아군 매복 병사가 적이 급히 오는 것을 보고, 급하게 돌아와 보고했으나 이미 적이 산을 넘었다. 적이 철기로 급하게 경사진 언덕을 내려와 아군을 엄습했다. 아군과 오랑캐 기병이 겨드랑이와 어깨를 부딪치고 비틀거리며 같이 내려와 평지에 이르렀는데, 적이 마구 활을 쏘고, 칼로 베었다.

　홍 감사의 군이 거의 섬멸될 때쯤 유 병사의 좌영이 홍 감사 진 아래쪽에 있었는데 또한 같이 무너질 지경이었다. 대오를 잃은 군사들이 유 병사의 진에 도달했는데, 유 병사가 임시주둔지의 문을 닫고, 맞서 싸우면서 그들(아군 패잔병과 적군)을 들이지 않았다. 적이 이미 홍 감사의 군대를 격파하고, 승세를 타고 유 병사의 진을 공격하려 했는데, 유 병사 군이 화약무기를 일제히 발사했다. 적이 거의 죽어 후퇴하는 자가 적었다. 곧 다시 적이 진격해 왔는데, 화약무기로 탄환을 쏴 맞추니, 종일토록 유 병사의 진영이 함락되지 않았다.

저물녘에 적이 마침내 포위를 풀고 돌아갔다. 유 병사는 외로운 군대에 지원도 없으므로, 오래 버티지 못할 것을 알고, 높은 가지에 등을 걸고, 화포를 나무에 묶고, 조총의 화문에 화승을 연결한 후 목책을 버리고 낭천 산중으로 후퇴했다. 화승의 길이가 긴 것도 있고, 짧은 것도 있어 불이 조총의 화문에 닿을 때마다 앞뒤로 포성이 울리니, 밤새 이어졌다. 적이 이미 아군 주둔지가 빈 것을 알지 못하고, 다음날 다시 군대를 정돈해 전진하니 이미 유 병사는 멀리 가버린 후였다. 이 전투에서 적병의 전사자가 헤아릴 수 없이 많아, 적이 그 시체를 거두어 불태웠는데 삼 일이나 지나 꺼졌다.

아군의 전사자 역시 들판을 덮고 언덕에 가득했다. 홍 감사의 시신은 시체 더미에서 찾아냈는데 칼에 맞은 상처가 이마에서 왼쪽 눈썹까지 있었다. 정천(우물) 옆에서 죽었는데 장단(지휘대)에서 대략 백여 보 떨어진 곳이라고 한다. 홍 감사의 이름은 명구(命耉)이고 유 병사의 이름은 림(琳)이다.

〈박태보 정재집 기김화백전지전 원문〉

甲子夏。大旱汔秋。朝廷遣使致祭于金化戰場以禱雨。余從伊川得營牒。赴金化將執事壇下。因詢邑之老人。得官奴繼弘。問以戰事。自陳今年七 十五歲。方二十七。遭丙子之難。隨縣監李徽祚。入縣南幞頭山蠶谷以避兵。時洪監司，柳兵使。擧兵於平安道。同行赴難。由兎山而東。以丁丑正月十六日。至縣。洪監司軍可千餘。以鴛鴦陣行。柳兵使軍較多。行爲圓陣。止爲方營。兩軍至縣。遇賊不得進。縣有積穀可館。縣南有高岡。下有井泉可以箚營。遂留壁。洪監司壁背山據岡。連延山麓陂陀之地。柳兵使壁於東岡。所謂栢田者。卽四面縣絶。兩壁相去數百步。連樹木柵。時蒙古之自南漢歸者。將由咸鏡道渡江而北。至縣止。陣於縣南三十里土城之野。玄甲蔽地。不知其數。柳兵使急謂洪監司曰。大敵在前。不就我合陣。事將敗矣。屢强之。洪監司終不聽。十八日。賊留老弱及俘虜者守營。三道發軍。一道由東山下。一道由大路並進。至前野。兩枝相拱。若合襟然。一道由山西。疾趍洪監司陣後。洪監司見敵自前來。殊不慮其後。山西伏兵。見賊猝至。急歸報。未及而賊已踰山。以鐵騎馳下峻坂掩我軍。我軍與胡騎接腋摩肩。蹭蹬同下。至平地。賊始亂射叢斫。頃之盡殲洪監司軍。柳兵使左營。在洪監司陣下。亦同潰。亂軍赴柳兵使陣。柳兵 使堅閉壁

門逆擊之。使不得入。賊旣破洪監司。乘勝仰攻柳兵使。柳兵使軍萬砲齊發。賊之顏行盡斃。乃少退。俄復進。進輒中丸。終日不得陷。暮乃解歸。柳兵使孤軍無繼。知不可久。乃夜懸燭籠於高枝。多縛火砲於樹。結火繩於火門。遂棄柵宵遁。入狼川山中。繩有長短。火及火門。有先後砲聲。終夜相繼。賊竟不知其爲虛壁。明日整軍復進。則柳兵使去已遠矣。是戰也。賊兵死者。不可勝紀。賊盡收其屍。燒之三日而後畢。乃去。我軍之死者。亦被原滿壠。得洪監司屍於積屍中。刃傷額及左眉。死於 井泉之傍。盖去將壇百許步云。洪監司名命耈。柳兵使名琳。〈정재집, 기김화백전지전〉

【사료 3】 택당 이식-평안관찰사 증이조판서홍공행장
〈택당선생 별집 제9권 행장 중〉

-- 중략

　김화현(金化縣)에 주둔하였을 때 또 앞길에 있던 적을 공격하여 수백 급(級)을 참수(斬首)하자 나머지 적들이 모두 달아났다. 공이 유림을 불러 계획을 세우며 말하기를, "이전에 우리에게 쫓겨 달아났던 자들은 모두 소규모의 적들일 뿐이었다. 그러나 지금은 이미 적이 포위하고 있는 지역에 가까이 왔으니, 앞으로는 응당 대규모의 적들이 습격해 올 것이다. 따라서 서로 떨어져 있으면 상호 간에 구원해 줄 수 없을 듯하니, 진영을 합쳐서 대비를 했으면 한다." 하니, 유림이 허락하였다. 이때가 정축년(1637, 인조 15) 1월 26일 저녁이었다.

　그리하여 유림과 공의 중군장(中軍將)인 이일원(李一元)이 진지(陣地)를 물색하기 위해 김화현 북쪽 백전산(栢田山)에 가서 살펴보았는데, 유림이 높은 언덕을 먼저 차지하고 이일원이 다음 언덕을 차지하고 나서, 해가 질 무렵에 그곳으로 진영을 옮기게 되었다. 그런데 공이 뒤따라 도착하여 지세(地勢)를 살펴보니 방어할 만한 험요지(險要地)가 못 되었으므로 산 정상으로 옮기려 하였으나 이미 밤중이라서 그 일을 일단 중지하고는, 다만 유림으로 하여금 두 진영이 어리진(魚麗陣)의 형태로 서로 연결되게끔 하였다. 그러나 유림이 겉으로는 그렇게 할 것처럼 하면서도, 실제로는 허약한 군졸 수십 명을 진영의 후미(後尾)에 붙여 공의 진영의 서쪽 모서리와 연결되게 하였을 뿐이었다.

  이일원이라는 자는 일찍이 강홍립(姜弘立)의 부장(副將)으로서 오랑캐에게 항복했다가 돌아온 뒤에 훈신(勳臣) 귀족들에게 빌붙으면서 그야말로 유림과 표리(表裏)의 관계를 이루고 있던 자였다. 그렇기 때문에 유림이 시일을 허비하며 군사들을 동요시키는 것을 공이 통분스럽게 여겨 군법(軍法)으로 처단하려고 할 때마다, 이일원이 옆에서 그를 변호하면서 구원해 주는가 하면 유림과 긴밀하게 지내면서 반복무상(反覆無常)한 행동을 저질렀다. 유림이 높은 언덕에다 자기의 진영을 마련한 것도, 대개는 공이 먼저 적병을 상대하게 한 다음에 관망(觀望)을 하다가 퇴각할 준비를 하기 위한 것이었다.

  이날 오랑캐의 구왕(九王)이 서쪽 군대가 구원하러 들어왔다는 소식을 듣고는 남한산성에서 수만 기(騎)를 이끌고 현(縣)의 서쪽 수십 리 지점에 도착한 뒤에, 밤에 대오(隊伍)를 단속하면서 다음날 아침에 전투를 개시하려고 하였는데, 그 군대의 위세가 매우 성대하였다. 공이 정탐해서 이 사실을 알고는 즉시 군사들에게 효유하기를, "이들은 남한산성에서 쫓겨온 패잔병들이다. 그리고 군사의 숫자가 많다고 하더라도 그들이 쓸 수 있는 무기는 고작 활과 화살에 지나지 않는다. 그러니 그대들이 다만 자기 자리를 굳게 지키고 서서 동요하는 일이 없이 총탄만 교대로 날린다면 어찌 승리하지 못할 리가 있겠는가." 하니, 군사들이 모두 향응(響應)하면서 진지를 정비하고 대기하였다.

날이 새자 적이 과연 쳐들어오기 시작하였는데, 폭풍우처럼 치달리면서 동쪽과 북쪽과 남쪽을 번갈아 공격하였다. 그러나 공이 군사들을 독려하여 항전하면서 1천 정(梃)의 총을 일제히 발사하게 하자, 적이 모두 바람 앞의 풀처럼 쓰러지면서 죽어 넘어지는 자들이 줄을 이었다. 그리하여 묘시(卯時)부터 신시(申時)에 이르기까지 승부가 결판나지 않았는데, 이렇게 되자 적이 유림의 진영 가운데 후미가 허약하다는 사실을 눈치채고는 병력을 한데 모아 그곳을 먼저 공격하기 시작하였다.

이에 따라 유림의 후진(後陣)이 무너지자, 적이 공의 진영의 서쪽 모서리 부분을 급하게 들이쳤으므로, 공이 좌우의 사수(射手)를 모두 동원하여 그곳의 전투를 돕게 하는 한편, 유림을 계속 불러 구원을 요청하였으나 유림은 응하려 하지 않았다. 이에 공이 군관(軍官)을 보내 유림의 진영에 있는 장관(將官)의 머리 하나를 베어 오도록 명하였는데, 그가 미처 그곳에 가기도 전에 유림이 갑옷을 벗어 버리고 산발(散髮)한 채 달아났으며, 이일원 역시 지탱하지 못할 줄을 알고 말에 채찍질하여 먼저 도망쳤으므로, 공이 큰 소리로 부르며 말하기를, 『죽는 것은 마찬가지인데, 어찌하여 여기에 와서 싸우다가 죽지 않는가』 하였다.

이때 유림의 정예 군사들은 높은 산등성이에 모여 각자 알아서 전투를 하고 있었는데, 이는 당초 유림이 수풀 속에 숨어 있는 것을 군사들이 찾아내어 군중(軍中)에 안치(安置)하였으므로 호령을 하는 일이 있을 수 없었기 때문이었다. 그런데 이일원 역시 그 안으로 말을 달려 들어갔으므로, 좌우에서 공에게 권하여 그곳으로 자리를 옮기도록 하였으나, 공은 웃으면서 말하기를,『내가 어찌 유림의 진영 속으로 들어가서 살기를 구하겠는가. 바로 여기가 내가 죽을 곳이다.』하였다. 그리고는 천천히 병부(兵符)를 풀어 전대(纏帒) 속에 넣은 다음, 관동(官僮)에게 맡기면서 말하기를, "너는 이것을 가지고 빠져 나가도록 하라." 하였다. 그러고 나서 바로 의자 위에 단정히 앉아 손에 활을 잡고 쏘아 맞히기 시작하였으며, 화살이 다 떨어지자 이번에는 칼을 빼 들고서 적을 치고 베었다. 공은 몸에 화살을 세 개나 맞았으나 자기 손으로 빼내었으며 신색(神色)이 조금도 변하지 않는 가운데 마침내는 해를 당하고 말았다. 이때 순안 현령(順安縣令) 허노(許輅) 등 공과 함께 죽은 이가 10여 인이었으며, 나머지 군사들은 빠져 나가 유림의 진영 속으로 들어갔다. 이렇게 온종일 결사적으로 전투를 벌이다가 날이 어두워지자 적이 퇴각하기 시작하였다. --중략

〈원문〉

--중략 次金化縣。又擊前路屯賊。斬首數百級。餘皆遁去。公召琳計事曰。前者所逐北者皆小敵耳。今已近賊圍。前面應有大敵來襲。恐不能相救。願合陣爲備。琳許之。是丁丑正月二十六日夕也。琳與公中軍將李一元。行視陣地於縣北柏田山。琳先占高阜。一元占次阜。日暮移陣。公追至見地勢失險。欲移就山冢。以犯夜且止。但令琳兩陣。魚麗相合。琳佯應。以贏卒數十人爲陣尾。綴于公陣西角而已。李一元者。曾以姜弘立副

將。降虜得還。依附勳貴。實與柳琳表裏。公每憤琳逗撓。欲以軍法誅之。一元從旁救解。重與琳反覆。琳之陣于高阜。蓋欲令公先受敵兵。已得觀望左次計也。是日。虜九王聞西兵入援。自南漢領數萬騎。到縣西數十里。夜治楯櫓。詰朝將戰。軍勢甚盛。公偵知之。即諭諸軍曰。此南漢敗卒也。兵雖衆。所用者不過弓矢。汝等但堅立勿動。遞發火丸。何不勝之有。衆皆響喏。整陣以待。平明賊果至。驟若風雨。迭犯東北南三面。公督衆拒戰。千銃齊發。賊皆披靡。死者相枕。自卯至申。勝負未決。於是賊知琳陣尾無良。合兵先犯之。琳後陣因而潰亂。賊急擊公陣西角。公盡出左右射手助戰。而連呼柳琳來救。琳不應。公遣軍官。使取琳陣上一將官頭來。未及往。琳脫鎧披髮而走。一元知不支。策馬先遁。公大呼曰。等死也。何不即此戰死乎。時琳精兵。聚據高脊。人自爲戰。琳初匿林藪中。軍士尋得之。擁置軍中。無所號令。一元亦馳入其中。左右勸公移就之。公咳曰。吾豈入琳陣求活耶。此是吾死所也。徐解兵符納纏袋。付官僮曰。汝以此免。即凝坐椅上。手弓格射矢盡。而挺劍擊刺。身集三矢自拔之。神色不變。遂遇害。順安縣令許輅等同死者十餘人。餘軍脫入琳陣。垂死戰。日黑。--줌략

김화백전전투 분석

1. 양군의 병력규모

청군의 규모에 대해서 조선왕조실록이나 당시 전투에 참여한 사람들, 그리고 이 전투를 멀리서 지켜본 사람들에게 자주 나오는 숫자는 1만여 명이다.[29] 그러나 최근 청태종실록에 나오는 구체적인 병력에 관한 기록은 만주 팔기 100명에 몽고병 3,600으로 도합 3,700명이었다.[30] 여기서 1만과 3,700이

---

[29] 조선왕조실록 인조 15년 1월 28일 홍명구졸기에 1만이라 기록되어 있다.
『금화(金化)에 이르러 군사를 백전산(栢田山)으로 옮겼을 때 적의 연합군 1만 기(騎)가 침범해 왔다.』

[30] 太宗文皇帝實錄 卷之三十三 崇德二年 正月 二十三日1637年, 癸亥. 遣外藩科爾沁扎魯特敖漢奈曼諸部落兵出咸鏡道往征瓦爾喀地方. 命蒙古衙門承政尼堪甲喇章京季思哈牛彔章京葉克書. 率每旗甲士十人導之以行

太宗文皇帝實錄 卷之三十五 崇德二年 五月 三十日1637年, 丁酉先是征朝鮮國時自王京遣章京尼堪扈什布季思哈葉克書率外藩各部落蒙古兵出會寧往征瓦爾喀至是還奏言. 臣等奉命率蒙古兵征瓦爾喀率土謝圖親王一旗兵. 札薩克圖郡王一旗兵喇嘛斯希台吉一旗兵. 扎賴特部落達爾漢和碩齊貝勒一旗兵. 杜爾伯特部落塞冷一旗兵. 卓禮克圖親王一旗兵. 木寨一旗兵東果爾國舅一旗兵. 郭爾羅斯部落奔巴一旗兵. 古木一旗兵. 各二百人. 奈曼部落達爾漢郡王一旗兵. 敖漢部落. 固倫額駙班第. 并瑣諾木下兵. 扎魯特部落桑噶爾一旗兵. 內齊一旗兵. 各三百人. 阿祿穆章一旗兵. 吳喇忒部落杜巴貝勒一旗兵. 亦各二百人共十六旗並滿洲兵一百人. 通計三千七百人. 將出會寧有平壤巡撫. 安州總兵. 率兵於吉木海地方立二營. 我兵擊敗之. 殺平壤巡撫及兵二千餘人. 獲馬千餘匹.

라는 수의 차이에 대해 필자는 당시 청군은 1/3에 해당하는 잡군을 대동하고 있었다는 기록을 참고할 때 실제 만몽연합군의 규모는 5,000여 명에 이르렀을 것이며, 또한 청군은 대부분 기마병이었으므로 조선군의 눈으로 추정하는 병력의 크기는 1만으로 추정되었을 가능성이 있다고 판단한다.

한편 평안도군은 감사 홍명구가 이끄는 3,000과 평안병사 유림의 휘하에 5,000 도합 8,000명으로 추정된다.

감사의 군사는 2천, 그리고 3천까지 숫자가 제각기 다르게 나오는데, 필자는 청음의 홍명구신도비명에 나오는 자료를 참고해 3,000명으로 산정한다.

병사 유림의 5,000명에 대한 산정은 신도비명에도 5천으로 되어있고 필자가 그 기록을 그대로 특정하는 이유는 조선왕조실록과 승정원일기에 병자호란이 일어나기 전 평안도군 운용에 관해 자세히 언급한 기록이 있어 이를 교차 비교해서 결정했다는 것을 밝힌다. 다행히도 이 자료는 조선왕조실록과 승정원일기 두 곳에 같은 날짜에 동일한 내용이 기록된 것으로 전쟁을 4개월 앞둔 시점에 조정에서 인조와 당시 영의정이자 도체찰사로 조선의 방어전략을 총괄하던 김류와의 대화를 기록한 것이니 안주성의 방어 실태를 가장 정확하게 들여다 볼 수 있는 귀중한 역사적 사료(史料)라고 생각한다.

조선왕조실록, 인조 14년 9월 4일
김류가 아뢰기를,
『듣자니, 안주(安州)의 병사는 교련이 자못 익숙하고 유림(柳琳)의 수하에 있는 3천 명은 모두 정예병입니다. 그리고 유림은 남군(南軍)이 수자리에 들어오는 것을 면제하고 그 군인들에게서 군포를 징수하여 서로(西路)의 토착민에게 주고자 하는데, 그렇게 하면 5천 명의 정병이 항시 성중(城中)에 머무를 수 있다 합니다.』

또한, 실록과 같은 날짜에 승정원일기에는 이보다는 조금 더 상세하게 다음과 같이 기록되어 있다.

승정원일기, 인조 14년 9월 4일
김류가 아뢰기를,
『유림이 안주군병을 훈련시키는 것은 매우 근면 성실합니다. 신이 일찍이 그의 사서를 보니 제방의 군병이 들어왔으나 반드시 처음 연습한 병사들만 못하다고 합니다. 남쪽의 군사를 쓰지 않으려고 후하게 기르고 있으며, 이 군사들을 항상 주둔하는 군사로 삼고자 하오니 계책이 매우 좋습니다. 대개 안주 본성의 군병은 2,500명이며 그 밖에 영병 또한 1만 명인데, 4번으로 나누어 3개월씩 번갈아 지키고 있으니, 1번의 군병이 2,500명이 됩니다. 본성의 군병과 합치면 5,000명의 군병이 되며 항상 성중에 머뭅니다. 〈중략〉 안주는 국가의 중요한 군진이라 다른 성과는 구별됩니다.』

金瑬曰,
柳琳鍊習安州之兵, 極其勤實。臣曾見其私書, 則言遞防之兵, 雖爲入來, 必不如初巡鍊習鈌兵, 欲不用南軍, 而厚養此兵, 以爲恒住之軍, 鈌策似好。大槪安州本城兵二千五百, 其餘外營兵亦一萬, 分四番, 三月替戍, 則一番之兵, 當爲二千五百, 合本城兵, 則五千之兵, 恒留城中也。此五千兵, 〈중략〉 安州, 國家重鎭, 與他城自別。

 이상의 자료를 정리하면 평안병사 유림은 도성에 항상 주둔시키는 2,500명과 훈련도가 낮은 하삼도의 군사를 받지 않고 그 지역 출신으로 1만의 영병을 훈련시켜 이를 4개조로 나두어 3개월씩 교대로 성을 지키게 하였으니 안주성에는 항상 5,000의 군사가 머물게 되었다는 요지이다. 또한 성내에는 정예한 군병 3,000을 육성해 놓았다는 것이다. 이상과 같은 안주군병의 운영에 관한 사료로 추측하건데 총 12,500명에서 7,500명은 안주성에 남아 성을 지키게 해놓고 수하의 정예군 3,000을 주축으로 나머지 2,000의 군병을 붙여 5,000의 군을 인솔했다는 기록에 상당한 신빙성이 있다고 판단한다.

 이처럼 조선왕조실록과 청태종문황제실록 그리고 승정원일기의 자료를 통해 추론한 결과 조선군과 청군의 규모는 거의 대등한 숫자로 조선군 8,000, 청군 5,000으로 양군 합쳐서 대략 13,000에 이르는 적과 아군이 백전의 들판에서 맞붙게 된 것이다.

2. 전투상황도

　병자호란 백전전투의 지형과 상황을 재구성하기 위해서 해동지도에 실린 김화읍지와 항공지도를 사용했다.

　항공지도에 나와 있는 구 김화읍 지역을 바탕으로 그 위에 해동지도에 실린 김화읍지에서 단서가 될 만한 지형지물을 참고해서 보다 정확한 위치를 특정하고 그 지도 위에 유림의 신도비명, 평안도관찰사홍공명구신도비명, 평안관찰사 증 이조판서 홍공행장과 송시열, 박태보의 기록을 참고해서 구성한 것이다.

　고지도에서 중요한 단서는 충렬사와 유림대첩비의 위치가 기록되어 있고, 유림대첩비는 병자호란이 끝나고 8년 후(1644년) 그곳 사람들이 승첩한 바로 그 장소에 빗돌을 세웠다는 기록이 있으며, 백수봉은 현의 동남쪽 1리(400m) 지점이라고 금화현읍지에 기록되어 있는 바, 세 가지 구체적인 기록에 근거해서 항공지도에 그 위치를 특정했다. 또한 항공지도에 유림대첩비의 위치는 찾을 수 없으나 다행히 충렬사의 위치는 나와 있다.

충렬사는 효종 원년(1650년)에 백전읍민에 의해 세워졌으며 효종 3년(1653년)에 조정으로부터 충렬사로 사액되었다. 충렬사의 위치 또한 매우 유의미 하다. 기록에 따르면 감사 홍명구가 장대에서 머지않은 지역에서 전사했다고 나오는데, 충열사의 위치는 바로 전사한 지역 또는 그 부근이라고 전해지고 있다.

1987년 1월에 필자가 유림대첩비를 찾았을 때 그 지역 일대가 비무장지대 남단의 민통선 안에 위치해 있고 대부분 지뢰 매설 지역으로 극히 일부분 지정된 오솔길 외에는 답사할 수가 없었다. 또한, 유림대첩비가 있는 곳 주위에 잡목이 우거져 백수봉을 바라볼 수도 없었다. 따라서 김화 고전장에 대한 정확한 현장 분석은 컴퓨터를 이용한 항공사진 검색을 통해 모든 정보를 찾아볼 수 있는 근래에 와서 가능해진 것이다.

그리고 필자가 책을 출간하기에 앞서 최종적으로 2021년 10월 7일에 백전산 일대를 2차 답사해서 김화전투의 고전장을 보다 정확하게 재확인했다. 그러나 2차 답사에서 가장 실망스러운 일은 유림대첩비가 사라져 정확한 승전 지역을 지도상에서 확정할 수가 없게 된 점이다.

잠시 후 충렬사를 찾아보면서 그 전말을 알 수 있었는데, 6.25 전쟁으로 완전히 소실된 사당을 1997년에서 1999년까지 3년에 걸친 복원을 하면서 홍명구의 충렬비와 유림의 대첩비를 충렬사 비각 안에 같이 보존하고 있었다.

그곳에 세운 안내판의 해설에 따르면 유림의 대첩비는 사당으로 들어오는 어귀의 도로변에 있던 것을 현재의 위치로 옮겨 왔다고 기록되어 있는데, 필자가 판단하기로는 생창리에서 암정교로 돌아 나가는 도로를 새로 내면서 유림대첩비를 이전한 것으로 보이며, 더욱 유감스러웠던 점은 승첩비가 있었던 원래 자리를 알려주는 일체의 표식이나 흔적도 남기지 않고 마구잡이로 옮겼다는 점이다.

여기서 현대적인 항공지도를 통해 전투상황도를 작성하는 일은 그날의 김화백전전투를 되살리며 백전전투에 관해 내려오는 역사의 사료에서 시시비비를 가려 사실에 가깝게 접근해보려는 의도이다.

지금도 인터넷 검색을 해보면 김화백전전투에 관한 전황을 재구성한 것들이 많이 나와 있으나 그런 것들을 재구성할 당시의 상황은 기술과 정보의 제약으로 인해서 필자가 보기에 부정확한 부분이 많다.

따라서 김화의 백전전투가 있었던 전장을 특정하는 일이나 전투상황을 재구성하는 일은 지금까지의 부실한 연구 결과를 해소하는 데도 목적이 있다는 것을 밝힌다.

출처 : 『김화읍지』

*지도해설 : 지도 중앙에 관아가 보인다. 관아 아래로 창고와 객사가 위치해 있고, 객사 아래쪽에 유림대첩비가 보이고 맞은 편 좌측에 충렬사가 있다.

충렬사와 유림대첩비가 지도상에서 좌우로 마주하고 있다. 충렬사는 감사 홍명구가 전사한 곳이고 유림대첩비는 병사 유림이 승첩한 장소로 김화전투에서 전투가 있던 지역을 항공지도상에 특정하는 작업에 대단히 유의미 단서가 된다.

항공지도로 본 전투상황도(지도 출처: 구글 위성지도)

*지도해설 : 좌측 끝에 토성리에서 청군이 움직여 3개의 길로 진격하고 있다. 생창리에서 관아로 통하는 길을 따라 1번 진로로 진격하던 부대는 곧장 감사의 진을 정면으로 진격하고 2번 진로를 따라 동남쪽의 산 밑으로 진격하던 부대는 유림의 진영을 막으며 감사의 진을 향해 공격에 합류한다. 한 대는 3번의 진격로를 따라 서북쪽 산의 뒤편으로 은밀하게 돌아 나와 험한 산길을 철기로 달려 내려오면서 일거에 양 진영 간의 연결을 차단하며 홍명구 감사의 군대를 엄습한다. 1,2,3의 진격로를 따라 3면에서 공격을 받은 홍명구의 진영이 순식간에 와해되고 패잔병의 일부가 우측의 유림진영으로 도피하고자 몰려들 때 그들의 뒤를 바짝 추격하던 청의 철기가 승세를 타고 파죽의 형세로 유림의 진영을 공격하면서 백전산 전투가 치열하게 전개된다.

김화백전전투의 재구성

　필자가 글을 쓰고 있는 올해로 병자호란 후 386년이 지나고 있다.

　400년 가까운 세월이 지나는 지금에 와서 당시의 전투상황 복원을 시도하는 나는 어떻게 보면 가장 좋은 조건에서 일을 추진하고 있다는 생각에 감사하며, 이제는 전설이 된 역사를 바르게 복원해야 하는 때가 무르익었다고 생각한다.

　단 한 줄 제대로 읽기도 어려운 우리의 역사와 관련된 고서들이 번역되어 인터넷을 통해 자료를 섭렵할 수 있고, 그것도 컴퓨터 모니터에 무려 4~5개의 창을 깔아놓고 들락거리며 참고자료나 문헌을 들여다본다. 그것뿐인가. 항공지도를 통해 온 나라 땅 구석구석을 손바닥 들여다보듯 살필 수도 있고, 외로운 임금을 구하고자 무작정 달려온 하삼도와 강원도의 근왕군들이 분투를 벌였던 남한산성 주위를 한 마리 새처럼 높이 날아다니며 이곳저곳 살펴볼 수도 있었다. 이런 작업환경은 과거에 제아무리 뛰어난 위인일지라도 엄두도 낼 수 없었던 일이다.

그렇다.

병자호란 김화백전전투의 재구성을 위해 필자는 남구만의 통제사유공신도비명, 김상헌의 평안도관찰사홍명구신도비명, 이식의 평안관찰사 증이조판서홍공행장, 송시열의 기김화전사실, 박태보의 기김화백전지전, 그리고 실록으로는 조선왕조실록과 청태종문황제실록을 참고하였다.

이렇게 옛 문헌을 자세히 들여다보게 된 연유는 통제사유공신도비명을 쓴 약천 남구만의 글을 쓰는 엄정한 자세에서 많은 영감을 받았기 때문이었다.

약천이 유림의 작은아들 승선으로부터 비문을 지어달라는 부탁과 함께 유림의 일대기를 기록한 행장을 받아들고 무려 5~6년의 세월이 흘러가도록 답하지 못했다. 이 문구를 보면서 약천이 통제사유공의 신도비명을 찬하기 전에 많은 내적 고민으로 시간을 보내고 있었다고 짐작해볼 수 있다. 물론 약천도 남들처럼 유족이 정성스럽게 작성해 온 고인의 행장을 참고하여 쉽게 비명을 지어줄 수도 있었을 것이다. 그러나 약천은 이미 영의정까지 역임하며 국정을 이끌어 온 인물로 병자호란 전쟁 중에 그리고 전쟁이 끝난 후에도 조정에서 유림의 죄를 물어야 한다는 상소가 빗발치듯 많았다는 사실도 알고 있었을 것이다. 이렇듯 유림 장군은 병자호란에서 근왕군을 이끌고 유일하며 값진 승전을 기록했지만, 역으로 지나치리만큼 터무니없는 비난과 모함에 시달렸던 인물이었다.

 이런 연유로 해서 약천은 고민스러운 시간을 보내면서도 어느 한쪽에 편향되지 않고 사실에 가까운 통제사 유림의 비문을 쓰려고 기회를 보고 있었던 듯하다. 시대적으로 약천에 앞서 우암 송시열이나 정재 박태보도 김화전에 상당한 관심을 갖고 있었을 것이다. 우연하게 우암이나 정재 두 사람은 1년 차이를 두고 김화를 방문하게 된다. 우암은 숙종 9년 4월 16일에, 정재는 숙종 10년 여름에 각각 방문하게 되는데, 두 사람 모두 관노 유계홍(劉溪弘)으로부터 직접 경험한 이야기를 채록하게 되어, 우암은 기김화전사실(記金化戰場事實)을, 정재는 기김화백전지전(記金化栢田之戰)이라 제목했다. 여기에 관노 유계홍이 등장한다. 우암과 정재가 먼 길을 오가는 노고를 마다하지 않고, 그리고 계홍의 입에서 나온 백전전투에 관한 이야기로 1637년 1월 28일에 있었던 김화백전전투는 거의 실상에 가깝게 복원될 수 있었다.

 약천이 우암이나 정재가 남긴 김화전에 대한 글을 읽고 두 사람으로부터 영향을 받았는지는 확인할 수 없었다.

 그러나 약천에게도 운명적으로 기회가 왔다.

 청나라에 사신으로 다녀오면서 2번이나 안주를 지나게 되고, 또 한 번은 나쁜 일이지만 강릉으로 귀양길에 김화를 거쳐 가게 됨으로 일거에 이 일을 해결할 수 있었으니 천운이 아니면 무엇이랴. 이렇게 두 지역 사람들의 구담과 필록을 얻어 보고, 몸소 김화의 백전의 싸움터에 올라 돌아보고 통제사유공신도비명을 짓게 되었다.

이런 과정을 겪고서 얻은 약천의 통제사신도비명은 김화의 관노 유계홍이가 풀어낸 이야기를 채록한 우암의 기김화전사실(記金化戰場事實)과 정재의 기김화백전지전(記金化栢田之戰)의 내용과도 거의 일치하고 있었다.

다른 한쪽에는 평안도관찰사홍명구에 관한 기록으로 청음 김상헌의 평안도관찰사홍명구신도비명(平安道觀察使洪命耉神道碑銘)과 택당 이식의 평안관찰사 증이조판서홍명구행장(平安觀察使 贈吏曹判書洪命耉行狀)이 있다. 그리고 여기에 조선왕조실록 인조 15년 1월 28일 자에 실린 평안도관찰사홍명구졸기가 있다. 이 세 가지 기록에서는 감사 홍명구가 급히 유림을 불러 서로 구원하도록 했으나 유림이 이에 응하지 않고 도망을 가서 많은 휘하의 장수들과 감사가 장렬하게 전사했다고 기록되어 있다. 필자는 여기서 안주의 군사를 지휘해서 병자호란의 유일한 승리를 이룬 평안병사 유림 장군의 도망설을 누가 최초로 기록했을까하는 궁금증을 풀어내고 싶었다. 그런데 이 궁금증은 의외의 사건으로 쉽게 드러나게 된다. 홍명구의 졸기가 올라온 조선왕조실록 인조 15년 1월 28일에 청음의 자살소동이 같은 날에 기록되어 있다. 인조가 출성하여 항복하기로 결정되었다는 소식에 이조참판 정온이 칼로 배를 찔러 자결을 시도 했으나 중상으로 그치고, 며칠 식음을 전폐하고 있던 예조판서 청음은 스스로 목을 매었는데 자손들이 구조하여 죽지는 않았다는 기록이다. 이로서 최초의 유림 장군 도망설은 조선왕조실록에 등장했다는 것을 알 수 있다. 그리고 그 줄기의 내용은 감사 홍명구 진지의 막료나 지인들의 진술을 바탕으로 작성되었을 것이며, 그 다음은 택당의 홍명구행장도 이와 유사한 경로로 작성되었을 것이고, 마지막으로 청음 김상헌의 홍명구신도비명도 홍명구의 행장과 자손 막빈들의 보고를 토대로 작성되었을 것이라는 추론이 자연스럽게 이어진다. 이런 과정을 거쳐 필연적으로 김화전의 실상은 감사 홍명구 측의 주장과 병사 유림 측의 주장이 상반되어 나타나게 되었던 것이다. 그러나 이 상반된 주장을 가르는 명확한 기준이 있으니 그것은 바로 현장을 직접 가본 사람의 기록이냐 아니냐이다.

　우암, 정재 그리고 약천은 모두 현장을 다녀와서 기록을 남겼다. 그런 연유로 우암과 정재의 글 제목은 각각 기김화전사실(記金化戰場事實)과 기김화백전지전(記金化栢田之戰)으로 남게 되었는데, 이는 모두 현장을 답사해서 기록했다는 뜻이다.

　더구나 약천은 안주성과 김화를 다 다녀왔다. 그렇게 해서 통제사유공신도비명을 찬하며 『역사에 빠진 부분을 보충한다』고 언급하고, 마지막에 감흥에 겨워 이렇게 쓰고 있다.

『내가 간추려 시(詩)를 만들어 영원히 빗돌에 새기노니 뒷날 사실을 살피려면 이것이 거의 어긋남이 없으리라.』

이 글을 통해 약천 남구만의 역사를 다루는 기개와 포부를 느껴볼 수 있다.

필자는 유림 장군의 후손이다. 그런 인연으로 이곳에 실리는 김화백전전투의 재구성은 역사의 왜곡된 부분을 바로잡으려는 운명적인 염원에서 출발하게 되었다. 따라서 재구성하는 과정에 우암과 정재의 기록이 많이 인용될 것이며, 또한 약천의 글 빈번하게 소개될 것이다. 이런 정도의 사전지식을 갖고서 이제 김화의 고전장으로 자리를 옮겨보자.

인조 15년 정축 1월 26일이다.
강원도 김화현에 감사 홍명구가 이끄는 평안병 3,000과 병사 유림이 이끄는 안주병 5,000이 막 도착했다.
남한산성에서 근왕하라는 명령이 떨어진 것은 병자년 12월 16일이다. 이때를 기준으로 따지면 정확하게 1달 열흘 만에

산성도 아니고 겨우 어중간한 김화현에 도달한 것이다. 이처럼 서북지역 평안도 근왕군이 가장 느리게 움직였다. 여기에는 여러 가지 원인이 있겠지만 첫째로는 안주와 평양에 근왕명령이 닿지 않았다고 본다. 왜냐하면 산성을 떠난 근왕명령이 원수와 부원수에게 전달된 것은 확실하다. 근왕명령에 따라 서북에서 가장 먼저 군을 움직인 사람은 부원수 신경원이다. 12월 하순에 부원수가 주둔하던 영변을 출발해 전평에 이르렀을 때 적의 공격을 받아 수하의 1,000여 군사가 모조리 전사하고 신경원은 생포되었다.

그리고 정축년 1월 5일 양서도원수 김자점은 원수부가 있던 황주를 출발해 토산에서 숙영하던 중 뒤쫓아 온 적의 공격을 받아 1만 여에 이르는 수하의 군사를 거의 잃고 양평의 미원으로 숨어들었다. 이렇게 원수부가 사라진 양서지역에서 서북지역의 군 절제는 사실상 상실되어 있었다. 이런 난리 중에 경황이 없어 두 사람의 원수와 부원수가 평양과 안주에 근왕명령을 미처 전통하지도 못했을 가능성도 있고, 또는 더불어 두 사람 모두 평양성과 안주성에서 근왕병을 차출해 군을 빼가는 일에 부정적일 수가 있다는 사실을 인지하고 근왕명령을 전통하지 않았을 가능성도 있다.

두 번째 이유는 서북지역의 중요도로가 청군에 의해 막혀 있었다.

　의주 - 안주 - 평양 - 황주 - 개성 - 한양에 이르는 당시 조선의 국도는 청군으로 넘쳐나고 있었기 때문에 조선의 근왕군은 불가피하게 샛길로 중간지대를 통과하는 강동 - 신계 - 토산 - 김화 - 한양 노선을 따라 이동해야만 하는 어려움이 있었다.

　이런 사정으로 여기까지 오는 길에서 참으로 우여곡절도 많았다.

　감사와 병사가 강동에서 처음 회동했는데 감사 홍명구를 만난 유림은 안주와 평안의 군병을 가볍게 움직이지 말 것을 건의하면서 감사의 심기를 거슬렸고 두 사람의 사이가 틀어지게 되었다. 병사 유림이 진군을 꺼리는 이유는 첫째가 근왕하라는 명령을 받지 못하고 감사의 지시에 따르기가 어려웠을 것이다. 두 번째 큰 이유는 청북(청천강 이북)을 방어하는 진영이 모조리 붕괴된 상태에서 청남(청천강 이남)지역 최 일선의 거점방어를 맡고 있는 병사 유림은 실로 가볍게 움직일 수가 없는 입장이었다. 평양성도 안주성 다음으로 중요한 거점방어 지역이다. 안주와 평양을 각각 나누어 책임지고 있는 병사와 감사가 조정으로부터 직접 근왕명령을 받지 못한 상황에서 군을 움직인다는 것은 매우 위험한 일이었을 것이다.

이런 곡절을 겪고 강동에서 신계로 도착해서 좀 더 심각한 일이 터졌다.

근왕군이 남하하는 이동 경로와 진군 속도가 감사의 마음에 전혀 들지 않았던 모양이다. 감사 홍명구는 지금으로 치면 북쪽 지역의 1번 국도라고 할 수 있는 의주-안주-평양-황주-개성-남한산성으로 이어지는 길을 따라 빨리 진군하고자 했으나, 근왕군의 노선은 강동-신계-토산-김화-남한산성 쪽으로 나라의 중간지대를 통해 먼 길을 돌아 이동하고 있었기 때문이었다.

군의 이동노선에 따른 감사와 병사의 의견 충돌은 애초에 강동에서 회동해서 일어난 갈등보다 더 심한 지경에 이르러 분을 참지 못한 감사 홍명구는 칼을 빼 병사 유림의 목을 치려고 했다.

1월 26일 김화현에 도착해서 관아의 창고에서 곡식을 풀어 군대를 먹이고 나니 망을 보던 관리가 서남쪽에서 먼지가 자욱이 일어 하늘을 가린다고 보고하였다. 이에 곧바로 군사를 고을 남쪽의 백전산(柏田山)으로 이동시키고 진지를 잡게 된다.

여기서부터는 진지선정 문제로 치닫게 된다. 애초에 병사 유림은 관아 뒤편 성재산에 있는 고산성에 진영을 세우자고 했다. 막강한 철기를 앞세운 청군의 전투력을 감안하면 산성에 의지해야 그나마 막을 수 있다고 판단했다. 그다음으로 누가 먼저 진지를 잡았느냐 하는 문제가 대두되고 있지만, 결과적으로 감사 홍명구는 뒤편에 산으로 이어지는 지세가 낮은 탑골의 오른쪽 기슭에 진을 치고, 그 옆에 중간 높이의 산허리에 홍명구 진영의 중군장 이일원이 자리를 잡고, 병사 유림은 맞은편에 지세가 다소 높은 백전산에 진을 쳤다. 이 진지선정이 두 진영 간에 승패를 결정하는 중대한 요인으로 작용하게 된다. 감사 홍명구의 진영에서도 지세가 낮은 것에 우려하는 이야기가 있었던 것으로 보이며, 중군장 이일원은 광해군 때 조명연합군을 이끌던 원수 강홍립의 우조방장으로 사흐르전투에서 청군과 전투를 치른 경험이 있었다. 그런 그가 경험을 살려 중간 높이의 산허리에 진지를 잡았다는 사실을 눈여겨보아야 할 것이다.

  1월 27일은 전투를 앞두고 조총과 화포, 창칼과 활, 화살 등 전투 장비를 손질하고 은폐와 엄폐를 위해 목책을 설치하기에도 바빴을 것이다. 유림의 진영에서는 백전의 잣나무를 베어 눕혀 목책을 설치해서 그나마 쉽게 방어벽을 구축하는 데 많은 도움이 되었을 것이다.

1월 28일 날이 밝자 적이 몰려오기 시작했다.

여기서부터 관노 계홍의 이야기가 진가를 발휘하기 시작한다. 계홍은 25살 때 현감 이휘조를 따라 현의 남쪽 복두산 잠곡으로 들어가 김화의 백전전투를 처음부터 끝까지 목격하게 된다.

계홍의 이야기를 들어보자.

적은 3곳의 길로 부대를 출발시켰습니다. 첫 번째 진격로는 동쪽 산의 아래로, 또 하나의 진격로는 큰길을 따라 나란히 전진하고, 앞 들판에 이르러 양쪽 경로가 만나 서로 합류하는 듯 보였고, 또 하나의 진격로는 산 서쪽을 통해 홍 감사 진의 배후로 급하게 이동했습니다.

계홍이 불러주는 대로 적들이 쳐들어오는 길을 항공지도 위에 그려보니 소름이 끼칠 정도로 정확하게 일치한다.

홍 감사가 적이 앞에 오는 것을 보고, 그 뒤쪽은 미처 살피지 못했습니다. 산 서쪽의 아군 매복 병사가 적이 급히 오는 것을 보고, 급하게 돌아와 보고했으나 이미 적이 산을 넘었습니다. 적이 철기로 급하게 경사진 언덕을 내려와 아군을 엄습하며, 아군과 오랑캐 기병이 겨드랑이와 어깨를 부딪치고 비틀거리며 같이 내려와 평지에 이르러서, 적이 마구 활을 쏘고, 칼로 베었습니다. 여기서 잠시 숨을 고르고 이야기는 계속된다.

홍 감사의 군이 거의 섬멸될 때쯤 유병사의 좌영이 홍 감사 진 아래쪽에 있었는데 또한 같이 무너질 지경이었습니다.

이 부분을 좀 더 설명하면 '홍 감사의 진 아래쪽에 있는 유병사의 좌영'은 홍공이 자신의 후미가 허술하다고 해서 병사 유림이 안주병의 전영장 구현준에게 200군을 딸려 파견한 병사들이었다. 바로 이때가 감사 홍명구의 평안군 3,000이 거의 괴멸당하는 순간이었다.

여기서부터는 택당의 홍명구행장에 있는 이야기로 이어보자.

혼란의 와중에 맞은편의 유림을 부르며 구원하라고 소리쳤으나 유림 쪽에서는 응답이 없었다. 이에 감사 홍명구는 막하의 군관을 보내 유림진영에 있는 장관의 머리 하나를 베어 오도록 명했으나 그가 미처 가기도 전에 자신의 진영에서 중군장 이일원이 말에 채찍질해서 먼저 도망쳐 유림의 진영으로 들어가는 모습이 잡혔다. 이때가 목숨을 건질 수 있는 마지막 순간이었다. 이 모습을 본 감사의 막료들이 홍공에게 유림의 진영으로 자리를 옮기도록 하였으나 이때는 시기적으로 이미 때를 놓친 것이다. 감사 홍명구는 허탈하게 웃으며

『내가 어찌 유림의 진영 속으로 들어가서 살기를 구하겠는가. 바로 여기가 내가 죽을 곳이다』하였다.

다시 계홍의 이야기로 이어간다.

대오를 잃은 군사들이 유림의 진영으로 몰려들었습니다. 병사의 진영에서는 목책의 문을 걸어 닫고 싸우면서 아군의 패잔병이나 적군이 들어오지 못하게 했습니다. 홍 감사의 군대를 격파한 저들은 승세를 타고 유 병사의 진을 공격하려 하는데 유 병사의 안주병들이 화약무기를 일제히 발사해 적은 거의 섬멸되어 후퇴하는 자가 적었습니다. 곧 다시 대형을 이루어 적들이 진격해 왔지만 화약무기로 탄환을 쏘아 맞추니 유 병사의 진영이 함락되지 않았습니다.

저물녘에 적이 마침내 포위를 풀고 돌아갔습니다. 유 병사는 외로운 군대에 지원도 없으므로, 오래 버티지 못할 것을 알고, 높은 가지에 등을 걸고, 화포를 나무에 묶고, 조총의 화문에 화승을 연결한 후 목책을 버리고 낭천 산중으로 빠져나갔습니다. 화승의 길이가 길고 짧아서 불이 조총의 화문에 닿을 때마다 앞뒤로 포성이 울려 밤새 이어졌습니다. 적은 아군 주둔지가 빈 것을 알지 못하고 다음날 다시 군대를 정돈해 전진하니 이미 유 병사는 멀리 가버린 후였습니다. 이

전투에서 적병의 전사자가 헤아릴 수 없이 많아, 적이 그 시체를 거두어 불태우는데 사흘이나 지나 꺼졌습니다.

이상으로 3가지 사료, 즉 우암, 정재 그리고 택당의 김화백전전투에 대한 기록에 기반을 둔 전투상황의 재구성을 끝내려고 한다.

팔도변방(八度辨謗)
김상헌의 평안감사 홍명구신도비명에 대한 평가

아랫글은 홍명구신도비명에 나온 김화전에 관련된 기록 중에서 병사 유림을 비방(誹謗)하는 내용을 세목별로 열거해가면서 그 내용의 옳고 그름을 밝혀 잘못 기록된 역사적 사실들을 명백하게 바로잡고자 8번 변답(辨答)하였기에 소제목으로 팔도변방(八度辨謗)이라 했다.

1도방 : 남한산성이 포위되고 부원수가 패몰하였다는 소식을 듣고서는 유림에게 함께 가자고 재촉하였는데, 유림은 머뭇거리며 스스로 변명만 늘어놓으면서 가고자 하는 뜻이 전혀 없었다. 이에 공이 대의(大義)를 들어 책하고는 자신이 거느리고 있던 군대를 이끌고 먼저 출발하여 강동(江東)에 이르렀다. 그때 유림이 비로소 뒤쫓아 와서는 공에게 가벼이 움직이지 말라고 말하였다. 공은 칼을 뽑아 땅을 치면서 말하기를, 『군부께서 위급한 처지에 빠졌는데 감히 그런 말을 한단 말인가. 나는 차라리 진격하다가 죽을지언정 뒤로 물러나서 살고 싶지는 않다.』 하니, 유림이 부끄러워하면서 물러났다.

1도변 : 당시 서북지역에서 의주에서 서울 도성이 이르는 길은 청나라 군사들에 의해서 완전히 차단되어 있었다. 가장 최전선을 지키는 안주성과 평양성의 방위는 함부로 소홀히 할 수가 없다. 안주성과 평양성은 당시 조선의 방어전략으로 볼 때 이와 잇몸의 관계처럼 밀접하게 상호 연계되어 있었다. 따라서 최전방의 안주성이 무너지면 그다음에는 평양성이 농성에 들어가며 적을 방어해야 한다. 그런데 평안감사 홍명구는 안주성이 철통같이 지키며 농성하고 있는 상황에서 적이 평양성에 도착하기도 전에 성을 비우고 자모산성으로 대피하여 농성하다가 병사 유림에게 근왕하자고 했다. 그러나 전시에 안주의 군병을 움직이는 일은 일차적으로 양서도원수의 명령을 따라야 하는데, 부원수 신경원은 사로잡혀 적의 수중에 있고, 양서도원수 김자점은 1월 5일 토산에서 참패하여 양평 미원으로 퇴각하는 바람에 도원수의 절제와 군 통솔의 계통이 서북지역에서 상실되어 있었다. 왕의 근왕하라는 명령도 하달되지 않은 상태에서 평안병사 유림이 단독으로 평양감사의 명령에 따라 안주의 군병을 움직일 수가 없었다고 판단한다.

 2도방 : 유림이 또다시 샛길로 가자고 청하면서 선봉을 서려고 하지 않았다. 이에 공이 그의 머뭇대는 죄를 책하면서 참수하려다가 우선은 용서해 주니, 유림이 더욱더 한스러워 하였다.

2도변: 병사 유림은 군을 이동시킬 때 기본 전술에 충실했다. 당시 청나라의 팔기군은 그 전투력이 동아시아 최강에 속하는 전력을 보유하고 있었다. 그들의 주력인 철기병은 명나라에서도 두려워해 평지에서 명군은 청나라군과 교전을 법으로 금지하고 있었다. 이처럼 말을 탄 기병과 보병이 들판에서 마주 붙어 교전한다면 그것은 굶주리고 사나운 맹수에게 고기를 던져주는 것과 마찬가지라는 사실을 모두 인지하고 있었다. 그런 인식에서 조선의 방어전략은 고구려 이래 수, 당과의 전쟁에서 사용해 많은 성과를 보인 청야입보(淸野入保)를 채택해왔다. 유림은 병사로서 5천의 안주병과 감사의 군 3천을 합해 근왕병 8천을 안전하게 인솔하기 위해서는 적이 자주 출몰하는 기존 도로는 피해 진군 속도는 늦더라도 부득이하지만, 조선군만이 익숙한 다른 길로 이동하려 했을 것이다. 그러한 예는 황주의 정방산성을 지키던 양서도원수 김자점도 근왕을 위해 황주-서흥-신계-토산으로 이어지는 길을 따라 내려왔다. 따라서 강동에서 회합한 감사 홍명구와 병사 유림의 근왕군이 강동-서흥-신계-토산을 거쳐 김화에 도착한 것은 청나라 군대를 피해 안전하게 행군하려는 최선의 선택이라고 판단된다. 이런 현실을 무시하고 41세의 젊은 감사가 56세의 장군의 목을 베겠다고 8천의 장졸들 앞에서 칼을 빼 들었다면 유림 장군뿐만 아니라 유림 휘하의 막료 장수와 안주병 모두가 한스러워했을 것이다.

3도방: 1월 26일에 김화에 이르러 망을 보던 관리가 서남쪽에서 먼지가 자욱이 일어 하늘을 가린다고 보고하였다. 이에 곧바로 군사를 고을 남쪽의 백전산(栢田山)으로 옮기면서 먼저 유림으로 하여금 지형을 살펴보게 하였다. 그러자 유림이 자신은 편한 곳을 택해 산의 왼쪽 기슭에 주둔하고 공은 오른쪽 기슭에 주둔하게 하였다.

3도변: 1월 26일은 평안병들이 김화읍에 도착한 날이다. 먼지가 자욱하게 몰려드는 적을 바라보며 김화의 관아를 뒤로하고 좌우로 진을 설치할 때, 조선의 관례상 평안도병사가 평안감사를 제치고 먼저 좋은 자리를 잡는 일은 아예 불가능하다. 따라서 직급이 높은 평안감사가 현의 서남쪽에 자리 잡고 천만 다행하게도 병사 유림은 차후로 현의 동남쪽에 있는 백수봉을 선정했다. 이런 사실은 다른 기록에서 거의 일관되게 진술되어 있다.

이에 대한 변으로 유림장군신도비명에 나온 기록을 그대로 옮겨 답하고자 한다.

『홍공(洪公)과 계획하기를 현(縣)의 북쪽에 있는 산성에 함께 들어가 웅거하자고 하니 홍공이 옳지 않다고 하였다. 공은 또 적은 많고 우리는 적으니 반드시 양군(兩軍)을 합하여야 감당할 수 있다 하니 홍공이 또한 옳지 않다고 하고 자기의 병사를 끌고 현의 남쪽 탑곡(塔谷)에 먼저 진지를 구축하였다.

공은 지세가 낮아서 적의 공격을 받기가 쉬우니 높은 곳으로 옮겨야 한다고 하였으나, 홍공은 또 옳지 않다고 하며 단지 진지의 후면이 엉성한 것만 걱정하므로 공이 휘하 2백 명을 나누어 주며 모자라는 곳을 보충하라 하고 자신은 좌편 백전(栢田)의 언덕에 진지를 구축하였다. 그 언덕은 삼면이 깎아지른 듯이 경사가 급하고 한 면만 산에 연결되어 있으나 그것 역시 중간이 마치 벌의 허리처럼 잘려져 있는데 임목(林木)을 이용하여 군사를 배치하고 목책(木柵)을 굳게 설치하였다.』

4도방 : 유림이 말하기를,『중과부적이니 군사를 몰래 빼내어 이곳을 피하여야 합니다.』하니, 공이 노기를 띠면서 말하기를,『군부께서 어려움에 빠져 있으니 분수에 있어서 마땅히 목숨을 바쳐야 한다. 나의 뜻은 이미 결정되었으니, 다시는 말하지 말라. 더구나 우리 군사들이 이곳에 있으면 적

들은 반드시 군사를 나누어 와서 싸울 것이므로, 전적으로 남
한산성을 향하여 가지는 못할 것이다. 이 역시 한 가지 계책
이다.』하였다.

4도변 : 인조 15년(1636년) 1월 26일 김화에 몰린 평안병들
은 감사나 병사 모두 당시 돌아가는 전황이나 정보가 턱없이
부족했을 것이다. 아마 이때 두 지휘관은 고작해야 눈앞에
몰려드는 적은 서북지역에서 서울 도성 쪽으로 내려가던 청
나라 군사로 생각하고 있다는 증거가 보인다. 아래 홍명구신
도비명의 기록이 이를 증명한다.

   --『더구나 우리 군사들이 이곳에 있으면 적들은 반드시 군사를
  나누어 와서 싸울 것이므로, 전적으로 남한산성을 향하여 가지는
  못할 것이다. 이 역시 한 가지 계책이다.』

위의 감사 홍명구가 이야기한 부분이 그러한 정황을 단적
으로 보여준다. 사실 앞에 다가오는 적은 강화도가 함락되고
남한산성이 완전히 포위된 상황에서 더 이상 산성에 군대를
주둔할 필요가 없어 청 태종은 그의 본진에서 만몽연합군
3,700을 빼내어 함경도의 와이객을 치기 위해 북으로 보낸 군
대이었다. 그러한 정황이니 청군이 이곳에서 승전하더라도

남한산성으로 갈 이유는 전혀 없었다.

　이렇게 전투경험이 없고 정보가 전혀 없는 상황에서 문관 출신의 감사 홍명구가 3천의 평안병을 직접 지휘한다는 것은 많은 희생을 치를 숙명을 내재하고 있었다. 평안병사 유림은 수천의 병사를 허허벌판에 내몰아 굶주린 맹수와 같은 적에게 맥없이 어육으로 전락시키기 일은 결단코 피하고 싶었을 것이다. 그보다는 오히려 어떤 수단을 써서든지 이 전투를 승리로 이끌고, 그 후 바로 남한산성으로 근왕하는 것이 전투에 임하는 최선의 목표이었을 것이다.

　5도방 : 관찰사 홍명구는 군사들에게 호령을 내려 앞쪽으로 나가도록 해 산의 오른쪽으로부터 포진하게 하되 처음과 끝이 틈이 없게 하였다. 그리고는 병사(兵使)로 하여금 산 왼쪽으로부터 마주하여 포진하면서 오른쪽으로 오게 하여 원앙(元央)과 비슷하게 하였다. 유림이 겉으로는 응하는 척하면서 파리한 군졸들을 바깥에 포진하게 하고 용감하고 날랜 군사들을 뽑아 자신을 호위하게 하였다.

　5도변 : 유림의 신도비명에는 감사 홍명구가 자신의 군 행렬의 후미가 엉성한 것을 염려하기에 유림은 전영장 구현준에게 병사 200을 붙여 감사의 군 후미를 보강해 주었다. 전영은 안주군 5,000의 선봉이다. 선봉을 서는 장수나 병졸은 다른 부대원보다 더 용감하면 했지 파리하고 나약한 경우는 거의 없다. 〈사료2〉 정재 박태보의 기록이 당시의 실정을 생생하게 보여주고 있어 더 긴 설명이 필요 없다.

  --『홍 감사의 군이 거의 섬멸될 때쯤 유 병사의 좌영이 홍 감사 진 아래쪽에 있었는데 또한 같이 무너질 지경이었다. 대오를 잃은 군사들이 유 병사의 진에 도달했는데, 유 병사가 진지의 문을 닫고, 맞서 싸우면서 그들(아군 패잔병과 적군)을 들이지 않았다.』

위의 기록에서 홍 감사의 군이 거의 섬멸될 때 유 병사의 안주병에서 파견된 전영장 구현준 휘하의 200군도 무너질 지경이라고 했다면 홍 감사의 군을 지원하기 위해 파견된 안주병은 거의 끝까지 대오를 유지하며 버티고 있었다는 이야기이다. 파리한 군졸을 뽑아 홍 감사의 군을 지원케 했다는 주장은 억지에 가깝다.

6도방 : 휘하의 군사들이 공을 부축해 급히 피하고자 하였으나 공은 웃으면서 말하기를,『내가 어디로 가겠는가.』하고는, 검으로 땅을 치면서 크게 외치기를,『지금은 달아나도 역시 죽을 것이니 차라리 싸우다가 죽을 것이다.』하였다. 군사들이 모두 온 힘을 다해 싸워 수십 명의 적을 때려죽였다. 이에 적들이 달아나려고 하였는데, 병사(兵使)가 지키던 군중이 홀연 어지러워졌다. 그러자 유림은 창졸간에 투구를 잃어버리고 산발을 한 채 말에 올라 달아나려고 하였는데, 그 휘하 군사가 말고삐를 잡고 저지하였다. 적들이 멀리서 그것을 보고는 그 틈을 타 쳐들어왔다.

6도변: 이 부분이 김화전투에서 큰 공을 세운 유림 장군을 모함하는 가장 터무니없는 기록이다. 감사의 군대는 앞과 뒤, 그리고 남동쪽 측면에서 청의 철기군의 공격을 받아 한순간에 와해되었다. 진영이 무너지고 철기군이 난입해 날뛰기 시작하며 그곳은 사지가 되었다. 그 와중에 유림의 군사를 투입한다고 해도 대세를 돌이키기에는 역부족이다.

평안감사 홍명구가 이끄는 평안군이 괴멸하는 순간의 모습은 택당 이식의 평안도관찰사홍명구행장에 아래와 같이 비교적 상세하게 기록되어 있다.

--이일원 역시 지탱하지 못할 줄을 알고 말에 채찍질하여 먼저 도망쳤으므로, 공이 큰 소리로 부르며 말하기를, 『죽는 것은 마찬가지인데, 어찌하여 여기에 와서 싸우다가 죽지 않는가..』하였다.

그런데 절체절명의 순간에서 이 모습을 본 감사의 막료들이 홍명구에게 유림의 진영으로 자리를 옮기도록 권했으나 감사 홍명구는 『내가 어찌 유림의 진영 속으로 들어가서 살기를 구하겠는가. 바로 여기가 내가 죽을 곳이다』라고 말하며 물리쳤다.

여기에 나오는 이일원(李一元)은 당시 홍명구의 평안군에서 중군장(中軍將)을 맡고 있던 무장으로 광해군 때 사흐르 전투에서 명(明)에 원군으로 참전하여 청군과 전투경험이 있던 무장이었다. 평안군의 중군장이라는 그런 막중한 임무를 맡고 있던 장수가 홀로 몸을 빼 말을 타고 평안병사 유림의 진영으로 들어갔다는 사실은 홍명구의 평안군이 전체적으로 무너지는 순간에 유림의 진영은 흔들림 없이 굳건히 자리를 지키며 다가올 전투를 대기하고 있었다는 반증이기도 하다.

따라서,
『적들이 달아나려고 하였는데, 병사(兵使)가 지키던 군중이 홀연 어지러워졌다. 그러자 유림은 창졸간에 투구를 잃어버리고 산발을 한 채 말에 올라 달아나려고 하였는데, 그 휘하 군사가 말고삐를 잡고 저지하였다.』라는 부분은 터무니없는 모함이다.

감사의 후미를 보강하기 위해 파견된 안주병의 전장 구현준이 이끄는 군중이 감사의 군과 함께 무너져 전장 구현준이 전사한 것은 사실이다. 그리고 이 후미에 있던 병사들이 원래 소속이던 병사 유림의 진영으로 도망쳐 왔다. 그러나 200명의 후미가 무너져 3천에 이르는 감사의 군대가 한순간에 괴멸된 것은 전혀 변명이 될 수가 없다.

이렇게 전영장 구현준이 이끌던 후미의 200군과 감사의 패졸들, 그들을 찍으며 달려드는 청군의 철기병들이 엉키어 서로 밟고 밟히며 일시에 유림의 진지로 몰려드니 이 화급한 상황에서 유림은 매정한 결단이지만 그들을 목책 안으로 들일 수가 없었다.

송시열이나 박태보의 기록에도 순식간에 접전이 끝났다고 적었다. 송시열의 기록에 다음과 같이 언급되어 있다.

> ――『흰 칼날이 번쩍거리며 잠깐 접전이 벌어진 끝에 아군(我軍)은 크게 패하였고 적은 아군을 뒤쫓아 가면서 창·칼로 마구 찍었는데 그러고 한참 만에 끝났습니다(食頃而盡).』

食頃而盡(식경이진)이란 「밥 한 끼 먹는 시간」에 끝이 났다는 이야기이니 그 불쌍한 감사의 3천 군병은 짧게는 30분에서 길게는 1시간 정도에 모든 상황이 종료된 것이다.

『그러자 유림은 창졸간에 투구를 잃어버리고 산발을 한 채 말에 올라 달아나려고 하였다』라는 비난에 대해서 유림신도비명에는 물론 다른 3건의 기록 어디에서도 찾아볼 수 있는 단서는 전무하다.

오히려 도망친 사람은 감사 홍명구 진영의 중군장 이일원이 버티다 못해 홀로 몸을 빼어 말에 채찍을 가해 유림의 진영으로 넘어왔을 뿐이다. 또한, 감사의 군이 무너지며 후미에 파견되었던 전영장 구현준이 전사하고, 그 휘하의 200 안주병이 쫓겨 유림의 군중으로 몰려들 때, 백수봉 잣나무 숲에 포진한 유림의 군도 큰 동요를 보였다. 이 순간에 병사 유림은 말을 타고 높은 곳에 올라 큰 소리로 싸움을 북돋웠을 뿐이다.

필자가 병자호란사에 관한 다양한 사료를 검토한 바로 택당 이식의 평안도관찰사홍명구행장의 사료적 가치는 대단히 크고 또한 평안군의 마지막 상황을 가장 극적으로 기록했다. 그러나 그 내용을 자세히 들여다보면 사실과 거짓이 교묘하게 얽혀 돌아가고 있음을 알 수 있다. 그렇게 된 가장 큰 원인은 택당 이식도 평안감사 홍명구의 식솔들이나 막료들의 진술을 그대로 수용하면서 나타나는 당연한 결과라는 느낌을 지울 수 없었다. 가장 결정적인 순간은 중군장 이일원이 도망을 친 사건일 것이다. 이일원 장군이 진지를 이탈해 병사 유림의 진영으로 넘어간 사건도 감사 홍명구의 마지막 분투를 언급하는 과정에 평안병의 중군장 이일원 뿐만 아니라, 감사가 위난의 상황에서 구원을 요청했는데도 냉큼 달려오지 않은 평안병사 유림까지 싸잡아 비난하는 과정에서 역설적으로 가장 논란의 중심이 될 수 있는 전투장면이 기록되어 귀중한 사료로 남게 되었던 것이다. 평안군의 중군장이라는 막중한 책임을 맡고 있는 무장이 단기필마로 진영을 벗어나 평안병사 유림이 이끄는 안주병의 군진으로 뛰어들어 숨었으니, 감사의 진영에서 싸웠던 사람들은 이런 중군장 이일원의 처신을 용서할 수 없었을 것이고, 바로 이런 심리 상태에서 살아남은 감사 홍명구의 측근들은 줄곧 무장들을 비난하고 폄하하며 패전의 책임과 감사의 죽음에 대한 원한을 무장들에게 덮어씌우려 했을 것이다.

7도방 : 공은 몸에 화살 세 대를 맞았는데, 스스로 뽑아내고는 활을 끌어당겨 적을 향해 쏘았다. 적들이 곧장 앞쪽을 향해 침범해 오자 칼을 뽑아 적들을 치다가 드디어 해를 당하였으며, 휘하의 군사 중에 따라 죽은 자가 아주 많았다. 공의 남은 군사들이 하나의 높은 언덕을 지키면서 혈전을 벌여 무수히 많은 적을 죽이자, 적이 이에 퇴각하였다. 그런데도 유림은 끝내 구원하지 않고 있다가 마침내 공의 남은 군사들이 싸워 죽인 적들의 시체를 취하여 자신의 공으로 삼으니, 군사들이 분노하여 모두 그의 살점을 씹어 먹으려고 하였다.

  7도변 : 김화전투는 감사와 병사가 좌우로 나누어 각각 포진하는 형태에서 대적했으므로 적의 철기병을 상대하는 전투에서 중간 지대를 이동해 구원하는 것은 애초에 불가한 일이었다. 또한, 그날의 전투가 동서로 나뉘어 각각 치열한 격전을 벌이고 있었기 때문에 다른 진영으로 가서 죽인 시체를 취해 공으로 삼았다는 이야기는 한마디로 언어도단이다. 더구나 그 전투는 해가 지고 어두워져서 종료되었다. 그 어둠 속에서 감사의 군대가 싸우던 전장으로 가서 적의 시체를 취하기에는 너무 위험한 것은 물론이거니와 가능하지도 않았을 것이다. 적의 시체는 이미 백수봉 목책 바로 밖에도 널려 있어서 시체를 취해 전공을 취하려면 그런 수고를 할 필요도 없었다.

  8도방 : 공의 휘하인 박형(朴泂) 등이 공의 시신을 찾았는데 맨몸으로 땅에 버려진 채 아직 심장이 뛰고 있는 것을 보고는, 유림에게서 옷을 얻어 덮어주고자 하였지만, 유림은 패만한 말을 하면서 옷을 주지 않았다. 얼마 뒤에 공의 숨이 완전히 끊어지자 박형 등이 옷을 벗기고 염습(殮襲)을 한 다음 관에 넣어 진(陣)의 뒤편에 초빈(初殯)하였다.

8도변 : 그날의 전황을 살펴보면 진지를 선정할 때 만나고 나서는 감사와 병사가 만날 기회가 없었다. 살아있는 자도 만나기 어려운데 죽은 감사를 마주할 틈이 있었겠는가…. 더구나 감사의 시신을 덮어줄 옷가지를 굳이 병사 유림에게 요청할 수 있었겠는가…. 설사 그럴 일이 있었다고 해도 어떤 감사의 막료가 그렇게 하찮은 요구를 감히 평안병사 유림 장군에게 직접 말할 수 있었겠는가….

그날 백수봉에서 전투는 날이 어두워서야 끝이 났다. 전투가 끝나고 바로 뒤이어 유림의 안주병은 어둠 속에서 등을 높은 나무에 매달고, 적을 속이기 위한 기만전술로 부서진 총을 거두어 탄약을 장전하고 화승줄을 매달아 길이를 들쭉날쭉하게 한 다음 그 끝에 불을 질러서 잣나무 숲속에 여기저기 걸어 놓고 서둘러 밤을 이용해 낭천(지금의 화천)으로 빠져나가기도 바빴다. 그렇게 해서 포성이 연속하여 울려 밤새도록 그치지 않았다. 이 때문에 적이 감히 가까이 오지 못하였다.

총 변

　지금까지 우리는 5인의 기록을 통해 사실에 대한 교차검증으로 진실에 가까운 모습을 그려낼 수 있었다.
　처음 진지를 구축했을 때 홍 감사의 군은 관아에서 서남쪽 낮은 구릉 지대를 유 병사의 군은 동남쪽 백수봉을 각각 골라서 진을 쳤다.
　청군과 처음 조우할 때 청군은 양측이 서로 돕지 못하게 한 줄기 병력으로 두 세력의 사이를 가르고 막아서며, 한 갈래의 청군은 소규모로 홍 감사의 군에 공격을 가하며 탐색전을 벌이며 홍 감사 군대의 시선을 앞으로만 집중하게 유도했다. 이렇게 청군이 20기, 30기 그리고 100여 기로 차츰 숫자를 늘려가며 청군 특유의 전형적인 탐색전으로 시작하는 초전 때까지만 해도 홍 감사의 군은 1천여 명의 조총부대를 앞세워 대열을 유지하며 제법 방어를 하는 듯했다.[31]

---

31) 택당(澤堂) 이식(李植)의 평안도관찰사홍명구행장

하지만 배후의 산 정상부근에서 은밀하게 다가오는 청의 주력 철기병이 접근하는 것을 전혀 눈치채지 못하고 일거에 기습을 받자 완만한 산등성이에 넓게 진을 펼치고 있던 홍 감사의 군은 버틸 재간이 없었다. 이렇게 3천 여에 이르는 홍 감사의 평안군이 잠깐 사이에 난도질을 당하자 홍 감사 군의 배후를 보강하기 위해 파견되었던 안주병의 전장 구현준의 200군도 함께 무너지며, 자연히 그들은 지역적으로 가까운 유림의 본대로 귀환하려고 몰려들었다.

그러나 청나라 철기가 이 호기를 놓치지 않고 승세를 타고 따라붙으며 함께 휩쓸려 목책 안으로 난입하려고 하는 순간에 유림의 5,000 안주병 전체가 큰 동요를 보여 풍전등화의 상태가 되었다. 이때 평안병사 유림은 급히 말을 몰아 높은 곳에 올라 안주병을 독전하며 냉혹한 결단이지만 앞으로 몰려드는 집단을 향해 피아의 구별 없이 무차별 사격명령을 내린다.

이 일차 사격의 위력은 대단히 치명적이어서 단번에라도 집어삼킬 듯한 위세로 덮치던 청군은 거의 전원 괴멸되었으며, 안타깝지만 함께 피하고자 내달려 왔던 평안병이나 안주병 역시 하나도 살아남지 못했다. 이때 일차 전투로 유림의 진지에서 100여 미터 떨어진 백전산 앞 들판에는 피아를 합쳐 수천여 구의 시체가 나뒹굴고 있었을 것이다. 정오가 지나며 잠시 전투가 소강상태로 접어들자 유림은 다시 부대를 정돈하고 진영을 가지런히 한 다음 더욱 정밀한 명령을 하달한다.

--『화살과 탄환이 많지 않으니, 낭비해서는 안 된다. 적이 우리 진영을 향해 수십 보 이내로 접근하면 내가 깃발을 휘두를 것이니, 너희들은 내가 깃발 휘두르는 것을 보고 일제히 발사하라. 이를 어기는 자는 반드시 참형에 처할 것이다.』

당시 3,000에 이르는 정예포수를 보유하고 있던 안주병들이 대오를 정리해서 40~50m의 유효사거리 내에 적을 끌어들여 그들의 면전에 조총과 화살을 쏘아댔으니 날고뛰는 청의 철기라 해도 살아 되돌아가기 어려웠을 것이다. 한마디로 청나라 만몽연합군은 안주병의 철포 앞에서 녹아버린 것이다. 이렇게 전투는 미시[32]가 지나도록 치열하게 계속되었다. 적들의 시체는 성책에 가득했다고 기록되어 있으니 이때쯤 해서 청의 만몽연합군 지휘부는 성과가 없이 계속 병력의 소모만 늘어가는 상황에 다급해지며 심리적으로 흔들리기 시작했을 것이다. 마지막 총공세를 퍼부을 채비를 하는 모습이 잡

---

32) 미시(未時) : 오후 1시에서 3시 사이.

했다. 척후를 나가 있던 초병이 백마를 탄 적장이 앞뒤로 달리며 지휘하고 있다는 보고를 하자 병사 유림은 정포수 10여 명을 선발해 몰래 목책 밖으로 나가 일제히 사격을 가하여 그를 죽이니 과연 귀한 장수로 청 태종의 매부 마빈대를 사살하였다.

종일토록 고된 전투로 병사들 모두 피로에 지쳐있을 때 병사 유림은 풍악을 높게 울려 승전을 알리며 병사들의 사기를 진작시키자 안주병의 함성은 백전산 들판에 울려 퍼졌다.

날이 어두워진 뒤에야 전투가 종료되고 적이 물러났다.

기록을 자세히 살펴보면 김화의 전투가 종료되었을 때, 놀랍게도 유림의 안주병이 입은 피해는 유일하게 전장 구현준이 이끌던 200에 지나지 않았다. 이처럼 평안병사 유림이 이끌던 안주병은 굳건하게 전투태세를 유지하며 끝까지 저항한 것이다. 지금까지 서북의 군사나 하삼도에서 올라온 근왕군들 모두가 청나라 군사와의 전투에서 청군의 철기병과 야전에서 서로 뒤섞여 혼전을 벌이는 와중에 번번이 와해되었다. 전투 중에 화약이 모자라 더 달라고 아우성치거나, 화약을 나누어 주는 도중에 떨어뜨려 폭발이 일어나 지휘부가 날아가며 전투를 치르기도 전에 완전히 괴멸되는 모습도 없었다. 오히려 김화전투에서 병사 유림은 청나라가 자랑하는 철기병의 접근을 아예 차단했다. 그리고 그 마의 유효사거리를 유지하면서 3천의 조총병을 질서 있게 사격통제를 하고 나머지 2천의 궁사들이 화살을 쏘며 가세하여 칼과 창으로 끝까지 지켜 승기를 놓치지 않았다.

총변에서 빼놓을 수 없는 이야기가 또 하나 있다.
그게 바로 김화전투 기록에서 김상헌, 이식과 나머지 세 사람, 즉 송시열, 남구만 그리고 박태보, 이렇게 다섯 사람이 한 사건을 제각각 기록한 것인데 어찌하여 김상헌의 홍명구신도비명의 내용이 다른 3인의 기록과 그 내용이 이렇게 다를 수 있는가 하는 문제이다.

필자가 각종 사료를 검토하는 과정에서 가장 먼저 기록된 사료로 조선왕조 인조실록 15년 1월 28일 자 평안도관찰사홍명구 졸기(卒記)가 보이는데, 바로 이 실록의 졸기가 이런 사태를 일으키는 가장 중대한 영향을 미쳤다고 판단한다. 실록의 기록을 보자.

--『금화(金化)에 이르러 적을 만나 수백 명을 베고 사로잡힌 사람과 가축을 빼앗았는데 몇십 몇백을 헤아렸다. 군사를 백전산(栢田山)으로 옮겼을 때 적의 연합군 1만 기(騎)가 침범해 왔다. 홍명구가 이들을 맞아 공격하여 크게 격파하고 두 명의 장수를 죽였는

데 시체가 즐비하였다. 조금 있다가 적의 한 진(陣)이 산 뒤편을 돌아 나왔는데, 말을 버리고 언덕에 올라 모포로 몸을 감싸고 밀어붙이며 일제히 옹위하여 진격해 오니 그 형세를 막을 수가 없었다. 홍명구가 급히 유림을 부르며 서로 구원하도록 하였으나 유림이 응하지 않고 도망하였으므로 휘하의 장사(將士)들이 많이 전사하였다.』

병자호란이 끝나고 나서 김화전투의 전말은 조선왕조실록에 기록된 줄기와 유사한 내용의 이야기가 당시 조정의 관료들 사이에서 돌고 있었다고 볼 수 있다. 물론 이 줄기도 김화전투에 참가한 관찰사홍명구의 자손이나 막빈들의 보고를 토대로 실록에 기록되었을 것이다.

그리고 다른 하나는 택당(澤堂) 이식(李植)[33]의 평안도관찰사증이조판서홍공행장(平安道觀察使贈吏曹判書洪公行狀)이 청음 김상헌에게 지대한 영향을 주었을 것으로 판단한다.
왜냐하면, 통상적으로 비명을 찬할 때 일차적인 참고자료가 바로 위인의 행장을 참고해서 작성되기 때문이다. 홍명구의 신도비명을 작성한 김상헌도 역시 이와 같은 경로를 거쳐

---

33) 이식(李植) : 1584(선조 17)~1647(인조 25) 조선후기 문신, 척화를 주장하다 김상헌과 함께 청나라로 잡혀갔다 돌아왔다. 이(吏), 형(刑), 예조(禮曹)의 주요직을 두루 역임하고 대사헌(大司憲)까지 지냈다.

단지 책상머리에 앉아 비문을 찬했을 것이다.

자, 이쯤 해서 전쟁이 끝난 후에도 줄기차게 평안병사 유림을 따라다니며 죄를 물어야 한다는 유림의 도망설과 여타의 다른 죄상에 대해서 조정은 어떤 결론을 내렸는지 알아보자.
인조 15년 윤 4월 11일, 사헌부가 유림을 잡아다 국문하여 정죄할 것을 상소했다.
다음은 조선왕조인조실록 인조 15년 윤4월 11일 기록이다.

헌부가 아뢰기를,

『군병은 사지(死地)입니다. 군율이 엄하지 않으면 누가 즐거이 사지에 나아가려 하겠습니까. 큰 변란 후 마땅히 군율을 엄숙하게 하여 임금을 망각하고 나라를 저버린 자의 경계를 삼도록 해야 할 것인데, 죽여도 죄가 남을 무리를 마침내 귀양보내는 정도로 그치고 말았으니, 군율이 엄숙하지 못함이 이와 같다면 사람들을 무엇으로 징계하겠습니까. 유림(柳琳)은 안주(安州)에 틀어박혀 있으면서 적의 선봉을 편안히 보내주고 성문 밖으로는 한 발자국도 나와 대항하지 않아서 저들로 하여금 쏜살같이 서울로 직항하게 하였으니, 군부를 저버린 그의 죄가 여러 장수에 비하여 더욱 큽니다. 그 뒤에 올라와서는 또다시 골짜기에서 머뭇거렸으며, 금화(金化)의 싸움에서 비록 공로가 있었다고 하나 형세가 좋은 곳을 먼저 점거

한 채 감사와 합세하지 않아 감사의 진지가 먼저 충돌을 당하였는데도 그의 죽음을 좌시하고 나아가 구원하지 않았으니, 그 죄상이 또다시 어떠합니까. 유림을 잡아다가 국문하여 정죄하소서.』

하니, 답하기를,

『이미 논의하여 처리하였으니 번거롭게 거론할 필요 없다.』 하였다.

이후로 유림 장군을 정죄하자는 이야기는 조선왕조실록에 더 이상 나오지 않는다.

최근 인터넷에 올라온 김화전투에 대한 4가지 기록을 비교 평가하는 글을 소개한다.

--『홍명구의 신도비명은 전혀 다른 전투 줄거리를 제시하고 있지만 새삼 논할 것도 없다. 나머지 3건의 사료가 그 자체만으로도 충분히 합리적이고 유사하게 전투 추이를 설명하는 데 비해 홍명구 신도비명은 유림을 비난하기 위한 요령부득의 횡설수설만 반복하고 있기 때문이다. 특히 송시열과 박태보의 기록은 홍명구나 유림과 특별히 관계가 없는 김화 관노의 증언을 바탕으로 하고 있고 이 관노의 증언은 충분히 합리적인 1차 목격자의 증언을

고스란히 보여주고 있기 때문에 더욱 결정적이다. 홍명구 신도비 명의 사료적 가치를 낮게 평가한다고 해서 평안감사 홍명구를 비난하려는 것은 아니다. 제반 전후사정을 보면 김화전투에서 홍명구는 스스로 어떤 모종의 명예로운 죽음을 선택한 것이 명백하기 때문이다.』

여기에 필자가 홍명구를 모종의 명예로운 선택으로 몰아간 정황을 한 마디 부연한다.
이 이야기는 9년 전 정묘호란 때로 돌아간다.

정묘년 1월 14일 청군은 맨 처음 의주를 공략해 함락시켰다. 앞부분에서 잠깐 설명한 것처럼 당시 의주부윤으로 이완(李莞)이 성을 지키고 있다가 함락되어 이완 이하 의주병 1,000여 명이 모두 도륙을 당했다. 1월 21일에는 안주성이 함락되어 평안병사 남이흥과 안주목사 김준이 장렬하게 전사했다. 이때 평양은 평안감사 윤훤이 1만여 명의 군병으로 평양성을 고수하려고 했다. 그러나 연려실기술의 기록에 따르면, 평양성 내에서 안주가 도륙의 참화를 당했다는 소식을 듣고 거리마다 울부짖었고, 적이 이미 평양성 안으로 들어왔다는 헛소문에 군사와 백성이 놀라 흩어져 도망했다고 한다. 이때 감사 윤훤의 종사관이 바로 홍명구이었다. 홍명구가 윤훤에게 텅 빈 성에 앉아 죽기보다는 산중으로 몸을 피해 있다가 후일을 도모하자는 계책을 올렸고 감사 윤훤은 이 계책을 받아들여 평양성을 나와 성천의 남창으로 피신했다.

이때 평양성의 피해는 뒤이어 부임한 평안감사 김기종이 보고한 내용에 따르면 포로 2,190명, 피살자 158명, 도망자 344명에 전쟁으로 인해 사망한 자의 수가 1,169명이었다고 한다. 이 일로 윤훤은 군율에 따라 효시 되었다. 당시 윤훤의 형 윤방이 영의정으로 있었지만 동생의 죽음을 막아줄 수 없었다. 윤훤과 더불어 종사관 홍명구도 파직되었다.

정묘년에 이어 9년의 세월이 지난 후 병자호란이 터졌을 때, 홍명구는 평안감사가 되었으나 평양성을 지키지 못하고 자모산성으로 들어가 있다가 병사 유림과 강동에서 회합해 함께 김화에 당도한 것이다. 이런 홍명구의 10년의 세월을 살펴보면 그는 더 물러설 곳이 없었다.

병자호란 김화전투에서 순절하기 앞서 측근들에게 내가 오늘에야 윤훤체찰사를 저버리지 않았노라고 말했다고 전해지는데, 이처럼 정묘년에 이어 병자년에 이르기까지 두 번에 걸친 전쟁에서 평양성을 사수하지 못한 죄의식이 바로 홍명구로 하여금 명예로운 죽음을 선택하도록 몰아간 원인이라고 필자는 판단한다.

진실은 묻혀 있을 수는 없는 일이다.

1월 28일 저녁 김화전투가 끝나고 야음을 이용해 낭천(지금의 화천)으로 빠져나와 남한산성으로 달려가던 중 1월 30일 가평에 이르렀을 때, 인조가 산성에서 나와 항복했다는 소식을 듣게 되었다. 이에 유림은 군사를 이끌고 서울 도성의 동대문 밖에서 머무르며 조정의 명을 기다리게 되었다. 동문 밖에서 잠시 머무르다가 2월 7일 비변사의 건의를 받은 조정은 병사 유림을 안주병영으로 복귀하도록 하고 이에 유림은 2월 11일 도성을 떠나 2월 13일 안주성에 도착하였다.

이처럼 평안병사 유림은 김화전투가 끝나고 다시 지친 병사 5,000을 이끌고 그야말로 적들이 가득한 서북의 길을 내달아 안주에 귀환한 것이다.

이런 광경은 당시 전투에 참여한 안주병들의 입을 통해서, 그리고 그날 김화의 전투를 산속 숲이나 바위틈에서 손에 땀이 나게 주먹을 움켜쥐고, 숨을 죽이며 지켜보던 김화사람들에 의해서, 그리고 서울 도성의 동문을 들고 나던 사람들의 입을 통해서, 심지어 청나라 오랑캐들의 입을 통해서 서서히 알려지게 되었다.

평안병사 유림과 안주병의 이야기는 우리나라 조정에서보다는 오히려 청나라 사람들에게 강한 인상을 주었다.

청 황제 홍타이지는 병자, 정축년간 있었던 조선정벌에서 평안병사 유림을 가장 아름답게 싸운 조선의 유일한 장수라고 언급하며, 비록 적국의 장수이지만 조선에서 가장 유능한 무장으로 기억하여 후에 명나라와의 대소 전투에 조선군을 징발하며 유림을 세 번이나 장수로 삼았다. 또한 청나라 9왕(九王)은 유림의 위명을 사모하여 이미 안주에 입성하였으나 귀환을 미루고 그곳에 머무르며 병사 유림을 만나보고 전마 두 마리를 선물하고 떠났다.

병자호란, 김화고전장
조선의 성지가 되다

 병란이 지나고 7년 후 1644년 일이다.
 김화사람들은 이곳에 평안도병마절도사유공림대첩비를 세워 그의 혁혁한 전공을 기렸다.
 그 후 40~50여 년이 지나면서 김화의 백전산 고전장(古戰場)은 이미 조선의 사대부들에게 자못 신성한 성지가 되었다.
 지난 병자 정축년에 치욕을 생생히 기억하며 나라의 앞날을 걱정하던 관료나 선비들이 어찌 이곳을 다녀가지 않을 수가 있겠는가. 다만, 공이 이끌던 평안도 안주병만이 오로지 백전산 잣나무에 의지해 몰려드는 적 죽이기를 김화의 들판에 언덕을 이루게 하였으니, 비록 나라는 구하지 못하였으나 이곳 김화의 백전이 아니면, 어디에서 조선의 자존심을 구하겠는가.
 그런 연유로 우암 송시열, 약천 남구만 그리고 조선 후기 문신인 정재 박태보가 이곳을 다녀갔다. 우암이나 약천은 모두 정묘년과 병자년의 호란을 몸소 겪은 이들이다. 그들은 모두 나라의 높은 관료가 되었으며 후일 정사를 주관하면서 조선의 국방정책에 깊이 관여한 인물들이다. 이들은 자신의 임금이 오랑캐라 부르던 적국의 군왕에게 맨땅에 머리를 세 번 찧어 큰절을 올리고 아홉 번 머리를 조아렸다는 이야기를 듣고 자랐을 것이다.

 조선 8도에서 근왕하는 군대가 모두 산성에 고립된 외로운 임금을 풀고자 몰려들었건만 7도의 근왕군이 전후 대소 10회의 전투에서 모조리 무참하게 패몰했다는 사실도 제대로 알았을 것이다. 따라서 조선의 내로라하는 선비들이 병자 정축 연간에 유일한 승전인 김화전투에 관심을 갖는 일은 어찌 보면 당연한 일이었다. 그들은 김화의 백전산에서 갈기갈기 찢겨나간 조선의 자존심을 찾을 수가 있었다. 더구나 비명을 찬한 약천 남구만은 유림의 작은 아들 승선군으로부터 글을 지어달라는 부탁을 받고도 5~6년간 화답을 하지 못했다. 그렇게 고민하고 있던 그는 나라의 일로 연경(燕京)에 가게 되면서 안주를 두 번 지나고, 또 강릉으로 유배를 가면서 김화를 지나게 된다. 이때 얻어들은 이야기나 필록을 구하여 비로소 들은 대로 사실을 기록하니 역사의 빠진 글을 보충해서 뒷날 김화대전의 사실을 살피려면 거의 어긋남이 없을 것이라고 말했다. 이렇게 전설의 현장을 찾았던 이들의 기록을 통해서 조선의 자존심은 전설과 함께 살아날 수 있었다.

필자는 여기서 후손들에게 고언을 한다.

어찌 보면 병자호란이 있고서 거의 400여 년간에 유림 장군은 빛을 보지 못했다. 유림 장군이 돌아가시고 50년이 지나도록 묘도에 문자가 없었다고 기록되어 있다. 이런 사연의 직접적인 원인은 김화전투가 있던 날 감사 홍명구의 평안군이 청나라 철기군의 공격으로 와해되기 직전 긴박한 상황에서 평안병사 유림에게 구원을 요청했으나 유림의 안주병은 움직이지 못했다. 감사가 병사에게 와서 구원하라고 했는데 빤히 보이는 곳에서 패몰하고 있던 감사의 군을 돕지 못해 감사 홍명구가 진중에서 장렬하게 전사한 일로 홍명구의 진중 막빈들과 그의 자손들로부터 깊은 원한을 사게 되었다.

그보다 더 영향을 준 것은 문관 집단의 무관에 대한 차별에 있다. 문관 출신 관찰사가 무관인 평안병사에게 구원을 요청했는데 그것을 외면했다는 사실은 당시의 관례에 따르면 절대 무사할 수가 없었다. 그로 인해 그들의 입에서 온갖 원한과 비난의 소리가 터져 나왔을 것이며 그들의 보고를 바탕으로 작성된 조선왕조실록의 관찰사 홍명구 졸기와 청음이 쓴 홍명구신도비명으로 인해서 유림 장군은 살아생전에 조정으로부터 정당한 평가를 받지 못했을 뿐만 아니라 죄를 물어야 한다는 시달림을 상당 기간 받았다.

그로부터 50여 년이 지나서 우암 송시열, 약천 남구만과 정재 박태보가 차례대로 김화의 고전장을 방문해 김화전투에 관한 기록을 남김으로써 이 신원은 해결되었다. 우리 문중의 자손들이 잊어서는 아니 되는 그분들은 하나같이 이름이 높은 선비들이었다.

우암은 효종 연간에 병자호란의 치욕을 씻고자 조정에서 북벌을 계획하고 추진했던 인물이다. 그는 성리학자이자 정치가로 한 시대의 사상을 이끌었던 인물로 조선왕조실록에 그 이름이 3,000번 이상 나와 실록 전체를 통해 여타의 인물들보다 가장 많이 거명되고 있다고 한다.

정재 박태보는 우암이나 약천보다 뒤늦게 태어났지만 이미 젊은 시절에 성품이 바르고 결백하여 당시 많은 선비의 신망을 받던 인물이다. 아쉽게도 인현왕후 폐비를 반대하다 귀양 가는 길에 죽어 큰 뜻을 펴지 못했으나 그의 바르고 높은 위상은 당시 선후배 사대부들 사이에서 많은 공감을 얻었던 인물이다.

박태보의 정재집에 실린 기김화백전지전도 갑자년 숙종 10년(1684) 여름, 큰 가뭄이 들어 가을까지 계속되자, 조정에서 사신을 파견하여 김화의 전쟁터에서 죽은 4~5천에 이르는 영령들의 원혼을 달래 비를 빌고자 하는 염원에서 기우제를 지내게 하였는데 당시 이천 현감으로 있던 그가 김화에 가서 기우제를 올리게 되는 과정에서 기록된 것이다.

 이 중에서도 특히 평안병사 유림의 신도비명을 작성한 약천 남구만에게 우리 가문은 실로 말할 수 없을 만큼의 많은 도움을 받은 것이다. 그들의 고명을 영원히 잊지 말 것이며 그런 의미에서 여기에 약천 남구만의 시를 한 편 기록하니 대대손손 기억해서 잊지 않기를 바란다.

東窓(동창)이 볼갓느냐 노고지리 우지진다
쇼 칠 아히는 여태 아니 니러느냐
재 너머 스래 긴 밧츨 언제 갈려 ᄒᆞ느니

동창이 밝았느냐 노고지리 우지진다.
소 치는 아이는 상기 아니 일었느냐.
재 너머 사래 긴 밭을 언제 갈려 하나니.

 이들 말고도 문인, 화가들도 이곳을 다녀갔다.
 겸재 정선이 금강산 유람을 가던 차에 이곳에 들러 그림 한 점을 남겼다.

 화강백전(花江栢田)이다.
 화강은 김화의 옛 지명이라고도 하고 일설에는 김화읍을 감아 흐르는 지금의 남대천이라고도 한다.

백전(栢田)은 잣나무밭이다.

여기에서 백(栢)자의 풀이에 약간의 혼선이 있다.

자전에는 栢은 柏의 속자(俗字)라고 풀이되어 있는데, 柏이나 栢 둘 다 나무 이름 백으로 측백나무나 잣나무를 의미한다. 이런 연유로 사람에 따라 '측백나무밭'이라는 사람도 있고 '잣나무밭'이라고 풀이하는 사람도 있다. 필자도 매우 궁금했는데, 1987년에 필자가 그곳에 갔을 때 지뢰가 매설된 지역으로 출입이 자유롭지 못하고 유림대첩비 인근이 잡목으로 둘러싸여 백전산 일대의 나무들을 살필 수가 없었으며, 인근에 측백이나 잣나무는 보이지 않고 잡목만 무성했다. 그 후로 여러 자료를 검색한 결과 측백은 우리나라에 자생하지 않는다는 사실로 미루어 백전에 울창하던 나무는 우리나라에서 흔하게 볼 수 있는 잣나무라고 단정한다.

백전산을 이야기에 빼놓을 수 없는 인물이 하나 있다.
바로 강릉부사를 역임했다는 장사준이라는 사람이다. 그는 관직에서 물러나 고향인 김화로 돌아와 말년을 지내게 되었는데, 바로 이곳 산에 잣나무 묘목 수천 그루를 심었다고 한다. 선인선과라고 그때 심은 잣나무는 수십 년이 지나며 울창한 숲을 이루게 되었고, 유림이 이끄는 안주의 병사들은 빽빽하게 들어선 백전의 잣나무에 의지해 대승을 이루게 되었으니 장사준은 고향에 잣나무 심었고, 평안병사 유림은 그 잣나무 숲에 의지해 나라는 구하지 못했으나 어렵게 조선의 자존심은 구했다. 상고하면 김화전투 승리의 주역은 늠름한 기상의 잣나무와 5,000의 안주병사들이라는 생각이 든다.

또 이 땅에 대해 하담파적록에 김시양은 이런 기록을 남겼다.

『난리가 나기 전 을해~병자 연간에 이변이 많았다. 모두성(旄頭星)이 떨어지고, 김화에는 사람 얼굴 모양의 우박이 내렸으며, 궁궐에 벼락이 치고, 홍수로 냇물이 범람해서 많은 인가가 떠내려가고, 서로 싸우다 죽은 개구리가 언덕을 이루었다. 청축년에 평안감사 홍명구와 병사 유림이 근왕군을 이끌고 김화에서 명구는 전사하고 유림의 군사는 사력을 다해 싸워 오랑캐 군사를 매우 많이 죽였다. 그런데 그 싸움터가 바로 사람의 얼굴 모양을 한 우박이 내렸던 곳이라니 이 역시 이상한 일이 아닌가.』

평안도병마절도사(平安道兵馬節度使) 유림(柳琳)
그분의 휘(諱) 림(琳)이 예사롭지 않다.
파자(破字)하면 옥(玉)에 림(林)이니, 푸른 옥빛 정기가 감도는 숲은 첫째가 잣나무 숲이다.
해서 필자가 해설하노니 유림 장군 백전(栢田)의 승리는 그분의 이름과 함께 이미 전생에 깊은 인연이 있었을 것이다.

화강백전의 그림은 제법 가파른 산등성이에 잣나무만 빽빽하게 들어선 모습으로 겸재가 즐겨 그리던 진경산수가 아니다.

왜 이런 그림을 그렸을까?

겸재 또한 금강산 유람을 가는 도중에 조선의 자존심을 찾아 이곳에 들러 울창하고 푸른 잣나무의 기상을 화폭에 담아 그때 평안병사 유림이 이끌던 5,000 안주병사들의 충혼을 그려내었고 화강백전이란 화제를 달았다. 어떤 이들은 이 그림이 관찰사 홍명구가 진을 친 곳이라고도 하는데, 내가 판단하기에 그들은 잘못 짚었다.

나는 이 그림을 이렇게 본다.

가파른 능선과 빽빽한 잣나무 사이사이에 몸을 숨기고 달려드는 청나라 군사들에게 조총과 활을 겨누며 뚫어져라 응시하는 5,000 안주병사들의 시퍼런 눈길을 본다.

겸재가 그린 화강백전에 사천(槎川) 이병연(李秉淵)이 시를 달았다.

여기에 그의 시를 소개하면서 김화전투의 이야기를 끝내려 한다.

荒荒兮栢田　　쓸쓸하구나 잣나무 언덕이여
漠漠兮戰場　　적막하구나 싸움터
逢故老而問答　옛사람 만나 묻고 답하니
指古木之蒼蒼　고목을 가리키는 곳에 푸른 잣나무만 창창하도다

겸재의 화강백전(花江栢田)

후기

　우리 할아버지 유림 장군은 1581년에 태어나 10세가 되기 전에 부모가 모두 차례로 돌아가셨다. 12살이 되던 해(1592년)에 임진왜란이 일어났고 난리 중에 어느 날 밖에 나갔다 돌아와 보니 형 내외가 왜놈들에게 무참히 살해되었다. 당시 형과 형수는 갓 결혼해서 신혼살림 중에 이런 참변을 당하였으니 그 참담함은 이루 말할 수 없었다. 동생 림(琳)은 늙은 종을 데리고 형과 형수의 시신을 져다 선영에 장사지냈다. 개인적으로 나는 이 장면에서 얼마나 분하고 원통했는지 모른다. 나는 이 글을 쓰면서 한밤중이나 나 홀로 있을 때 여러 번 통곡하며 눈물을 흘리곤 했다. 어쩌면 가족사에서 이런 참혹한 정황은 우리 가문의 DNA에 깊은 상처를 내었으며 이렇게 각인된 상처는 지금도 나에게 피를 통해 흐르고 있음이 분명하다. 더 넓게는 우리 민족의 뇌리에서 영원히 지울 수 없는 큰 트라우마가 되어 남아있음이 분명하다.

　이렇게 부모를 잃고 형제도 없는 몸이 되어 그는 종형(從兄)이 되는 유형(柳珩)의 집에 몸을 의탁하게 된다. 이에 이르러 유림은 슬픈 모습으로 탄식하면서 화란을 당해 자립해서 살아갈 수가 없으니 선대로부터 내려오던 가업이 끊기게 생겼다고 하며, 대장부 출세하는데 어찌 문무를 가리겠는가 하고 붓을 던지고 아침이면 활을 쏘고 저녁에는 병서를 읽었다고 한다.

그렇게 해서 유림은 계축년(1603년)에 무과에 올랐으니 그의 나이 22세이었다. 그러나 공은 30세가 다 되도록 초임을 받지 못했다. 왜냐하면, 공은 무인으로는 키가 작고 몸집 또한 왜소한 체형이었다. 당시 규례에 따르면 선전관은 반드시 신체가 장대한 자만을 뽑았다. 그 기준은 바로 훈련원청 기둥에 새겨놓은 척수를 표준으로 삼았다고 하는데 공은 여기에 미치지 못했기 때문이다. 집안에 내려오는 이야기로는 주위 사람들이 공에게 버선과 신발에 솜을 두둑이 넣고 다니라고 조언을 했다는데 별 효험을 보지 못한 것 같다. 그 후에 백사 이항복이 훈련원 도감으로 부임했는데 유림의 인물됨을 알아보고 즉시 초관으로 삼아 공직을 시작했다.

유림이 무반의 길을 가는데 가장 큰 영향을 준 사람이 바로 종형 유형 장군이다. 유림보다 15세 위인 유형은 임진왜란이 일어나고 2년 후 선조 29년(1594년)에 무과에 급제하였으며, 선조의 격려에 감읍해서 진충보국(盡忠報國) 4자를 등에

새기고 바로 해남현감으로 부임했다.[34]

마지막 노량해전에 이순신 장군의 막빈으로 참가하여 싸우다 왜적이 쏜 탄환을 6발이나 맞았다. 다행히 3발은 관모를 뚫고 두 발은 바지 가랑이를 뚫었다. 마지막 한 발이 공의 오른쪽 가슴을 뚫어 많은 피를 흘리며 기절하였으나 한참 후에 요행으로 일어나 이순신 장군의 안위를 묻고 장군이 이미 돌아가셨다는 소식에 통곡하며 독전하기를 더욱 급하게 하여 도망가는 적들을 끝까지 소탕하였다. 이러한 공으로 왜란이 끝나고 4년 후인 1602년에 조선왕조 5대 삼도수군통제사에 오른 인물이다.

왜를 물리치고 남쪽이 편안한가 싶더니 서북에 긴장이 고조되자 유형 장군은 황해병사로 나가 황주성을 쌓다가 미처 일을 끝내지 못하고 병사한다. 이때 조정은 그 후임을 정하는 문제로 고심하던 중 오린(吳璘)의 고사에 따라 동생 유림을 천거했다.[35]

형의 뒤를 이어 황주성을 완공한 유림은 광주목사로 부임하여 총융사 이서와 함께 남한산성을 수축한다.

---

34) 이때 유형 장군의 등에 진충보국 4자를 먹물로 새긴 이가 바로 정충신이었다고 한다.

35) 남송의 항금장령 오개(吳介)가 화상원에서 금의 침략을 저지하다 병사하자 나라에서 후임으로 동생 오린을 보내 적을 물리친 일을 말함.

1627년 정묘호란을 당하여 충청병사 유림은 하삼도에 내린 근왕하라는 명에 따라 5,000명의 군사를 이끌고 맨 처음으로 도성에 도착하여 동작진에 포진했다. 이어서 연강방어대장에 위임되어 하삼도의 병마절도사들을 절제하며 강화도-노량진-남한산성을 연결하는 방어선을 수호했다.

1636년 병자년 초에 세 번째로 평안병사에 제수되었고 안주성을 사수하는 임무를 맡게 되었다. 9년 전 정묘호란 때 성이 함락되고 평안병사 남이흥 장군과 안주목사 그리고 전 군민이 패몰한 참극을 되풀이하지 않도록 평안병사 유림은 절치부심 단단하게 준비를 한다. 그때까지도 안정되지 못하고 위태로운 안주성 군민의 인심을 위무하고 성곽을 보수 증축하며 해자를 파고 병기를 수리했다. 그중에서 가장 우선적으로 총포와 화약을 충분히 비축하고 정예한 포수를 육성하는 데 심혈을 기울였다. 병자년 2월 29일 평안병사에 위임되고 3월 초에 안주성에 부임했으니 꼭 11개월 동안 청의 침입을 대비해 전쟁준비를 한 것이다.

상고하면 유림은 계축년(1603년)에 무과에 올랐으니 종형 유형 장군이 통제사에 오른 다음 해다. 이런 인연으로 유림은 유형 장군으로부터 왜군의 조총에 대한 무서운 위력을 확

실히 인지하게 된다. 이후로 유림은 조총과 화포를 도입해서 실전에 활용하는 문제에 남다른 노력을 기울였다. 일례를 들면 그가 충청병사로 재직 시 총포수를 육성하기 위한 계책으로 평소에는 사냥하는 특전을 주어 살도록 하다가 전시에는 소집해서 조총병으로 전환할 수 있는 산행포수를 다수 기르고 있었다.[36]

이처럼 충청병사에서 시작한 조총병의 육성은 평안병사로 안주성에 주둔하던 시기에 정예한 포수로 완성을 이루었으며, 이를 전술적으로 가다듬어 실전에 응용할 수 있는 능력을 보유한 상태에서 김화의 전투를 승리로 이끈 것이다. 이렇게 조총이라는 개인화기가 전술적으로 완성된 시점에서 교과서적으로 거의 완벽하게 김화백전전투에 사용되었다는 점이 다른 하삼도의 근왕군과 차별이 되고 있었다.

이상과 같이 유림 장군의 일대기에서 큰 족적을 따라가 보면 정묘호란에는 충청수사로 연강방어대장이 되어 하삼도의 병마절도사를 절제하며 한강사수의 임무를 수행했으며, 평안병사로 3번 위임되고 삼도수군통제사를 2번 역임하셨으며, 마지막 후반부에 총융사에 제수되었다.

---

36) 병자년에 평안병사로 옮겨가면서 이때 육성한 포수를 안주병영에 소속시켜 김화의 전투에서 청군을 괴멸시키는 성과를 올린 주축이 바로 300인의 청주 포수였다.(영조실록 61권, 영조 21년 4월 5일 정미 3번째 기사)

나라의 성을 쌓는 일만 해도 크게 3번을 이바지하셨다.

정묘호란에 앞서 영변의 철옹산성 서쪽 끝에 약산성을 수축했으며, 광주목사로 남한산성을 수축했다. 그리고 병자호란에 앞서 안주성을 증축보수 했다. 이렇게 이룩한 3개의 성이 모두 다 병자호란에 중요한 방어요충으로 훌륭한 역할을 제공했으며, 마지막 김화의 전투에서 평안도병마절도사로 5천의 안주병을 이끌고 청나라 정예팔기병 3,700을 대파하는 공을 세웠다.

끝으로 2번째 삼도수군통제사에 재직하시다가 인조 21년(1643)에 포도대장에 임명되었으나 부절을 받기 전에 병으로 숨을 거두시었다.

돌이켜보면 유림 장군처럼 고난의 시대를 겪은 사람도 드물다. 한 사람의 일생에서 단 한 번의 전란을 겪는다 해도 어려울진대 유림 장군이 살던 시대에는 무려 크고 작은 전란을 4번이나 겪으며 살아야 했으니 그 고단함이 이루 말할 수 없었다.

12살에 임진왜란을 맞아 천애의 고아가 되고 43세에 이괄의 난을 당하고, 그로부터 3년 후에 정묘호란이 터졌다. 그러고는 9년 후에 병자호란을 만났으니 참으로 기가 막힐 일이었다.

무인으로서의 삶은 일찍이 계축년(1603)에 무과에 올라 인조 21년(1643)에 졸하셨으니 실로 40년간 줄곧 군문에 있었다. 일찍이 조실부모하고 임진왜란에 형과 형수를 잃고 혈혈단신 입신양명하여 큰 공을 세웠으나 아쉽게도 돌아가신 지 50년이 지나도록 묘도에 문자가 없었다.

여기에는 시대적 특수상황이 녹록지 않았다.
병자년의 전투에서 임금이 청 황제에게 무릎을 꿇었다. 패배한 전쟁에서 지엽적인 전투의 승리가 빛을 발할 수 없는 것은 당연한 이치다. 거기에 더해 유림은 김화전투에서 청나라 황제의 매서(妹婿) 마빈대를 사살하는 전과를 올렸다. 이 전공은 병란이 끝나고 나서도 청 황제 홍타이지의 누이가 청주에게 원수 갚기를 줄곧 요청하였기에 유림의 목을 옥죄는 일이 되었다.
또한, 조선의 조정에서도 이런 청나라 황실의 분위기에 눈치를 보지 않을 수 없는 지경이었다.

그러나 난세가 지나고 정조대왕의 치세에 이르러 충장공(忠壯公)이란 시호를 받게 되는 영광을 입었다. 이때가 정조 20년 8월 9일이니 실로 유림 장군이 돌아가시고 나서 153년 만의 일이었다.

여기서 그날 기록된 조선왕조실록을 인용해서 정조대왕의 옥음을 들어보며 글을 마치려 한다.

우의정 윤시동이 아뢰기를,

"고 통제사 유형(柳珩)과 고 훈련 도정 유병연(柳炳然)은 할아비와 손자로 모두 송나라 신하 악비(岳飛)37)의 일처럼 '진충보국(盡忠報國)' 네 글자로 등에 문신을 했었습니다. 유형은 본래 남해 현감(南海縣監)으로서 충무공 이순신의 노량해전을 도왔는데 탄환을 맞고도 죽지 않았으니 그 자취가 매우 위대하였습니다. 유병연은 효종 때 정익공(貞翼公) 이완(李浣)의 천거를 받았는데 선정신 송시열이 비밀 유시를 받고는 그로 하여금 와신상담하는 성상의 의지를 알게 하였습니다. 그의 지혜롭고 용감하며 청백했던 사적이 모두 선정이 찬술한 비문 가운데 실려 있습니다. 문정공(文正公) 이재(李縡))가 칭한 바 '중국에는 천고에 한 사람의 무목(武穆)38)만이 있었는데 우리나라에는 한 집안에 두 무목이 있다.'는 말은 또한 그를 드러내 빛낸 명언입니다. 성상의 조정에서 정전(旌典)을 시행함에 조그마한 선이라도 반드시 기록하고 있는데 이 두 신하에 대해서만은 아직까지 드러내 주는 거조가 없습니다. 호서의 유생과 선비들이 연명으로 신들에게 단자를 올려 그것을 진달해 주도록 청하였습니다. 증시(贈諡)의 실적이 이미 이와 같고 공

---

37) 중국 남송 초기의 무장(武將)으로 금(金)나라의 침략을 저지하였으나 무능한 황제 고종과 간신 진회의 모함으로 살해됨.

38) 무목 : 무인으로 세간의 존경을 받는 인물.

의 또한 민멸하지 아니하였으므로 감히 이에 우러러 아룁니다."

하니, 전교하기를,

"유씨의 집안에는 어쩌면 그리도 충신과 명장이 많은가. 대체로 증 영상 유형과 그 손자 증 판서 유병연은 곧 충무공 이순신과 정익공 이완이 혹 천거하여 자신을 대신하게 하기도 하고 혹 장수의 재질이 있다고 천거하기도 한 사람들이니 그 사람됨을 알 수 있다. 더구나 '진충보국' 네 글자로 등에 문신을 한 충성은 할아비와 손자가 똑같았으니, 시호를 내리는 은전을 우리나라의 두 무목에게 시행하지 아니하고 누구를 먼저 하겠는가. 특별히 아울러 증시하라. 고 총융사 유림(柳琳)은 중국 조정을 위하여 금주(錦州)의 싸움에서 절개를 온전히 하여 저들이 아직까지도 칭찬해 마지않고 있다. 유효걸(柳孝傑)39)은 유형의 아들로서 강홍립의 부름에 굴하지 아니하였는데, 그 서제 유지걸(柳智傑)이 20세도 되지 않은 상태에서 갑자기 상투를 틀고 스스로 대신 가기를 청하여 심하(深河)에서 숨을 거두었다. 유효걸의 아들 가운데 또 고 훈련대장 유혁연과 병연이 모두 정익공에게 천거받아 중요한 정사에 모두 참여하였는데, 사람들이 서로 호흡이 잘 맞는 것을 두고 마치 오른

---

39) 유효걸 : 유형(柳珩) 장군의 아들로 인조 때 이괄의 난을 맞아 남이흥, 정충신과 함께 공을 세워 진무공신에 올라 진양군에 봉해졌다. 정묘호란에 경기도수군절도사로 활약 중 병사했다. 남이흥 장군은 그의 장인이다. 이로써 정묘호란 때 남이흥은 평안병사로 안주성을 지키다 함몰되어 전사함으로써 한 집안의 장인과 사위가 모두 같은 해에 죽어 세인들의 가슴을 아프게 했다.

손과 왼손 같다고 비유하였다. 지난번에 무사들을 시험보이는 일로 인해서 가마가 태평교(太平橋)를 지날 때 길 곁으로 고 장가(將家)의 유허가 나타났는데 한참이나 탄식하였었다. 유지걸에게 만약 정증(旌贈)한 바가 없으면 상세히 상고하여 초기하라. 이로 인하여 또 생각건대, 충무공의 아들 이면(李葂)이 정유년에 순국하고 이훈(李薫)이 갑자년에 순국하였으며 이신(李藎)이 정묘년에 순국하였는데 정증하는 전례가 아직까지 시행되지 않았다고 한다. 지금 유지걸을 정증하는 문제에 대하여 의논하는 때에 차마 충무공의 집안에 이를 시행하지 않을 수 있겠는가. 해조로 하여금 각기 화함(華啣)을 증정하도록 하라."

하였다.

이어서 정조 20년 10월 16일,
유씨 집안에 4분의 장군, 유형, 유림, 유혁연 그리고 유병연에게 시호를 내리다.

 증 영의정 변협(邊協)에게 양정(襄靖)이라는 시호를, 증 영의정 유형(柳珩)에게 충경(忠景)이라는 시호를, 증 좌의정 유림(柳琳)에게 충장(忠壯)이라는 시호를, 증 영의정 유혁연(柳赫然)에게 무민(武愍)이라는 시호를, 형조 판서 유병연(柳炳然)에게 충의(忠毅)라는 시호를 내렸다.

■ 참고문헌

조선왕조실록
승정원일기
진주유씨세보
유승주의 충장공유림장군실록
청태종문황제실록
이긍익의 연려실기술
병자록
우암의 기김화전사실
정재의 기김화백전지전
이식의 평안관찰사증이조판서홍공행장
이기환의 치욕의 병자호란 속 귀중한 1승
기타 인터넷자료

강하 유준호가 문자탑을 쌓았습니다

■ 편저자 유준호

이 책을 지은 유준호 선생은
1971년 서울대학교 사범대학 교육학과를 졸업하고
교직의 대부분을 서울의 대신고등학교에서
영어교사로 재직했으며
현재 동학원의 이사로 근무하고 있습니다.
2001년에는 달마대사의 가르침
『아무것도 구하지 마라』(시공사)를
출간하기도 했습니다.

초판인쇄	2022년 11월 05일
초판발행	2022년 11월 10일
편 저 자	유 준 호
기 획	유 진 호
발 행 인	권 호 순
발 행 처	시간의물레
주 소	경기도 파주시 숲속노을로 150, 708-701
전 화	031-945-3867
팩 스	031-945-3868
전자우편	timeofr@naver.com
홈페이지	http://www.mulretime.com
I S B N	978-89-6511-407-9(03990)
정 가	18,000원

ⓒ 2022 유준호

* 잘못된 책은 바꾸어 드립니다.